당황하지 않고
야무지게 ——
말합니다

KIRAWARETAKAMO!?
TO SHINPAI NI NARANAI HANASHIKATA NO RULE
© AKIRA UENISHI 2014
Originally published in Japan in 2014 by CROSSMEDIA PUBLISHING CO., LTD., TOKYO,
Korean translation rights arranged with CROSSMEDIA PUBLISHING CO., LTD., TOKYO,
through TOHAN CORPORATION, TOKYO, and Danny Hong Agency, SEOUL.
Korean translation copyright © 2020 by BONUS Publishing Co.

당황하지 않고
야무지게 ——
말합니다

우에니시 아키라 지음

조민정 옮김

보누스

머리말

'그 사람에게 미움받고 싶지 않다.'

'모든 사람들과 잘 지내고 싶다.'

'직장 동료든 친구든 늘 좋은 관계를 유지하고 싶다.'

이는 많은 사람들의 공통적인 희망입니다.

세상에는 이런 바람을 실현하는 사람이 있는가 하면 그렇지 못한 사람도 있습니다.

도대체 이 차이는 왜 생길까요?

오랫동안 연구한 끝에 '미움을 받지 않고 인간관계를 원만하게 형성할 수 있는 사람'과 '많은 사람과 친하게 지내며 호감을 얻는 사람'의 대화법에는 공통점 한 가지가 있다는 사실을 알아냈습니다.

그것은 바로 대화를 나눌 때 상대방의 마음을 긍정적으로 만드는 기술이 뛰어나다는 점입니다.

먼저 상대방에게 부정적인 말을 절대 하지 않습니다.

처음 상대방을 만났을 때 '이 사람은 느낌이 좋다'는 인상을 줍니다.

또 사이가 돈독해지면 안도감과 신뢰감을 줍니다.

상대방의 마음이 따뜻해지는 말을 대화에 넣습니다.

자신을 드러내기보다는 상대방을 추켜세우려고 노력합니다.

남을 위해 애쓰거나 돕는 일을 첫째로 생각하고 이를 말로 표현합니다.

대화를 통해 서로 돕는 '기브 앤드 테이크'give&take의 관계를 형성합니다.

이런 행동을 체계화해서 의식적으로 시도하면, 여러 사람과 좋은 관계를 맺을 수 있고 남에게 미움받을까 걱정하지 않아도 됩니다. 이 책에서는 이런 대화 기술을 정리하여 소개하였습니다.

이 책을 읽으면 평소 자신이 대화를 나눌 때 어떤 점에 문제가 있는지 순식간에 파악할 수 있습니다.

어떻게 해야 남들이 친밀감이나 호감을 느낄까? 이 문제의 핵심도 명확해집니다.

또한 이를 즉시 대화에 활용해서 그 효과를 실감할 수 있을 것입니다.

이 책은
'인기가 없고 존재가 희미하다.'
'미움받는 경우가 있다.'
'대인 운이 좋지 않다.'
'직장에서 인간관계로 고민하고 있다.'
'인덕이 없다.'
'친구가 적다.'
'애인이 좀처럼 생기지 않는다.'
이런 사람에게 꼭 맞는 바이블이 될 것을 약속합니다.

우에니시 아키라

차 례

CHAPTER 1
대화 매너를 지키면 미움받을 염려는 없다

CHAPTER 3
대화를 디자인해서 상대방의 마음을 연다

CHAPTER 4
타인을 기쁘게 하는 대화법

CHAPTER 5
자신을 드러내지 않고 대화를 나눈다

CHAPTER 6
남을 위해 애쓰는 자세를 말로 표현한다

CHAPTER 7
대화를 통해서 기브 앤드 테이크의 관계를 형성한다

CHAPTER 8
스스로를 발전시킨다

대화 매너를 지키면
미움받을 염려는 없다

01

대부분의 고민은 '대인관계'와 관련 있다

일본 후생노동성이 5년에 한 번씩 발표하는 '근로자 건강 상태 조사'에 의하면 일에 관해 심한 스트레스를 느끼는 사람이 해마다 증가한다고 합니다.

그 사람들은 대부분 스트레스의 원인 중 '직장의 인간관계 문제'를 첫 번째로 꼽습니다.

2007년 조사에서 약 40퍼센트를 차지하던 이 답변은 2012년 조사에서 40퍼센트를 훌쩍 넘었습니다.

이러한 경향은 남성과 여성 모두에게서 공통으로 나타난다고 합니다.

당연한 결과라고 할 수 있겠네요.

일이 재미없더라도 원만한 인간관계를 형성하면 스트레스는 그다지 쌓이지 않습니다.

반대로 일 자체는 재미있더라도 남들에게 미움을 사서 인간관계가 어려워지면 고독감에 빠지고 스트레스도 쌓입니다.

이는 사생활에서도 마찬가지입니다. 인간관계가 원만하지 못한 사람은 함께 놀거나 고민을 들어주는 친구가 없어집니다.

그러면 고독감에 빠지는 데다 여가도 즐기지 못해서 스트레스만 쌓여갑니다.

만일 자기 자신이 그런 상황이라면 타인을 향한 평소의 말과 행동을 돌이켜봅시다. 남을 불쾌하게 했는지, 또는 남에게 상처를 주었는지 잘 생각해보세요.

이처럼 자신의 말과 행동을 돌아보며 잘못된 점이 없는지 생각하는 것이야말로 사람들에게 미움을 받지 않고 좋은 관계를 형성하기 위한 대화의 기본이 됩니다.

POINT

타인을 향한 평소의 말과 행동을 돌이켜보자.

02

최소한의 규칙을 엄수한다

컴플라이언스compliance라는 말이 있습니다.

컴플라이언스란 정확히 말하면 법령을 준수한다는 의미입니다. 최근에는 기업 등에서도 '기업 윤리를 지킨다'는 의미로 사용하고 있습니다.

"분식결산을 하지 않는다."

"허위 청구를 하지 않는다."

"좋은 상품인 것처럼 속여 팔지 않는다."

이와 같이 회사의 신용이나 브랜드 이미지를 지키기 위한 규칙이 컴플라이언스에 해당됩니다.

이는 기업뿐만 아니라 개인에게도 매너라는 형태로 요구됩니다.

"장례식에 갈 때는 검은 옷을 입고 간다."

"호텔에 갈 때는 슬리퍼를 신지 않는다."

"금연 장소에서는 담배를 피우지 않는다."

이와 같은 행동이 매너의 전형이라고 할 수 있습니다.

이런 규칙을 지키지 않으면 다른 사람들에게 빈축을 사기 마련입니다.

사람들과 대화할 때도 마찬가지입니다.

많은 사람들에게 호감을 얻는 사람이 화술이 뛰어나다는 것은 아닙니다. 이런 사람은 '대화의 컴플라이언스', 즉 말로 해서는 안 되는 최소한의 규칙을 무의식중에 알고 있습니다.

말하자면 상대방이 불쾌하게 느끼는 말을 삼간다는 뜻입니다.

일단 상대방에게 불쾌감을 주지 않도록 대화의 규칙을 지키는 것이 중요합니다.

POINT

상대방이 불쾌하게 느끼는 말을 삼간다.

03

부정적인 말을 하지 않는다

다음 주에 해외여행을 가는 사람이 있다고 합시다.

그 사람에게 "다음 주에 태풍이 올 것 같아. 비행기가 결항되지 않아야 할 텐데."라고 말하면 어떻게 될까요?

상대방은 기분이 언짢아집니다.

고민거리를 늘리는 말이니까요.

더군다나 한 번이면 몰라도 몇 번씩이나 말하면 상대방은 어떤 반응을 보일까요? 마음속으로 '어지간히 해!'라고 생각하며 그 사람을 멀리하고 싶어질 것입니다.

하지만 친근감을 주는 사람은 다릅니다.

다음 주에 해외여행을 가는 사람이 "태풍 때문에 비행기가 결항되면 어쩌지?"라고 걱정하면 다음과 같이 말합니다.

"괜찮아. 태풍이 와도 웬만하면 국제선은 운항하니까 걱정하지 마."

"그런 걱정보다 해외여행에 가면 실컷 놀다 올 생각이나 해."

비행기 결항을 걱정하던 사람이 이런 말을 들으면 순식간에 마음이 풀리고, 기분도 상쾌하고 즐거워져서 그 말을 한 사람에게 호감을 느낍니다.

결론적으로 부정적인 말을 삼가고 희망을 갖게 하는 긍정적인 말을 많이 사용하면 주위 사람들의 기분이 밝아집니다.

기분을 밝게 하는 사람 곁에는 항상 많은 사람들이 모입니다.

POINT

긍정적인 말은 사람의 기분을 밝게 한다.

04

타인의 험담을 하지 않는다

'인과응보'因果應報라는 말이 있습니다. 모든 일에는 원인이 있기에 결과가 나타난다는 뜻입니다. 일상생활에 적용하자면 '인과응보'의 '인'因은 평소에 우리가 하는 생각이나 타인에게 하는 말이며, '과'果는 현실에 일어난 일입니다.

다시 말해, 과거의 좋았거나 나빴던 말과 행동 때문에 그 응보로서 현재에 좋고 나쁜 결과가 일어난다는 것을 의미합니다.

미움을 받는 사람은 남들과 대화할 때 부정적인 '인'을 만들어내는 면이 많습니다. 그 전형이 바로 험담입니다.

"그 사람, 좀 웃기지 않니? 자기 주제를 알아야지."

"그 사람, 얼마나 짠돌이인 줄 알아?"

이런 험담을 주위 사람들에게 계속 늘어놓으면 그 말을 들은 사람은 그때는 동조해도 점점 이렇게 생각합니다.

'저 사람은 험담을 너무 많이 해. 나에 대해서도 뒤에서 무슨 말을 할지 몰라.'

결국 상대방은 경계심을 품어서 마음을 닫고 그 사람을 멀리하게 됩니다. 이것이 바로 '인과응보'에서 말하는 부정적인 '과' 입니다.

이 부정적인 '과'를 다른 사람에게 호감을 주는 긍정적인 '과'로 바꾸려면 상대방의 경계심을 풀어야 합니다. 즉 대화를 나눌 때는 험담을 삼가는 것이 가장 좋습니다.

POINT

험담은 부정적인 '과'를 부른다.

05

불평을 늘어놓지 않는다

우리는 크건 작건 간에 어떠한 욕구를 갖고 있습니다.

'월급을 좀 더 많이 받고 싶다.'

'좋아하는 사람과 데이트를 하고 싶다.'

이러한 욕구가 충족되면 긍정적인 마음이 생깁니다.

그러나 욕구가 충족되지 않으면 긍정적인 마음이 부정적인 마음으로 바뀝니다.

이 부정적인 마음을 방치하면 자칫 불평이라는 형태로 나타납니다.

어쩌다 사소하게 불평을 늘어놓는 정도라면 상대방도 동정할 것입니다.

하지만 불평이 잦으면 상대방 역시 기분이 우울하고 불쾌해집니다.

그래서 불평을 늘어놓는 사람에 대해 '만족하지 못하는 것은 나 또한 마찬가지야. 나도 애인한테 차여서 낙담하고 있는데 이 사람은 자신의 불평불만만 늘어놓고 아주 제멋대로네.'라고 평가합니다.

그 반면에 미움을 받지 않고 좋은 관계를 형성하는 사람은 무의식적으로 이렇게 생각합니다.

'불평불만이 있는 것은 모두가 똑같다. 그러므로 나 혼자만 불평불만을 늘어놓아도 의미가 없다.'

바꿔 말하면 사람은 누구에게나 불평을 늘어놓고 싶어지는 요소, 즉 충족되지 못하는 욕구가 있습니다.

이를 객관적으로 바라보며 '모두 똑같다'고 결론지어 생각하는 것이 중요합니다. 그렇게 하면 불평을 늘어놓는 횟수가 훨씬 줄어들 것입니다.

POINT

'누구에게나 불평불만이 있다'고 생각한다.

06

남을 멸시하지 않는다

일본 에도시대 후기에 료칸良寬이라고 하는 승려가 있었습니다. 료칸은 예나 지금이나 많은 사람들이 사랑하며 친근하게 느끼는 인물입니다. 이는 지식인이자 시인, 서예가로서의 재능을 지니고 있으면서도 남을 무시하거나 멸시하지 않는 행동과 관계가 있습니다.

그는 누군가가 재미없는 이야기를 해도 "재미있네요."라고 대답했습니다. 알고 있는 이야기를 했을 때도 "그렇군요."라며 맞장구를 쳤습니다. 그런데 남의 기분을 불쾌하게 하는 사람의 말을 자세히 관찰하면 료칸과는 전혀 다른 느낌이 듭니다.

이런 사람들은 누군가의 이야기가 지루하다고 느껴지면 바로 어이없는 표정을 짓거나 "재미없어."라고 묵살합니다.

또 알고 있는 이야기를 하면 "그건 상식이야." "모두가 아는 사실이에요."라고 반박하기도 합니다.

본인은 그런 말을 무의식적으로 할지 모르지만, 듣는 사람은 무시당하고 경멸당하는 기분이 들기 때문에 상대방에게 분노를 느끼거나 적대심을 갖기 쉽습니다.

따라서 대화를 나눌 때는 '이렇게 말하면 상대방이 무시당했다고 생각하지 않을까?' 생각하면서 주의를 기울이는 것이 중요합니다.

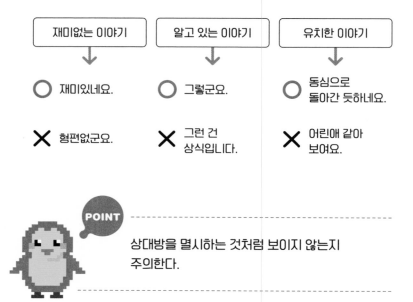

재미없는 이야기	알고 있는 이야기	유치한 이야기
○ 재미있네요.	○ 그렇군요.	○ 동심으로 돌아간 듯하네요.
✕ 형편없군요.	✕ 그런 건 상식입니다.	✕ 어린애 같아 보여요.

POINT

상대방을 멸시하는 것처럼 보이지 않는지 주의한다.

07

해도 되는 말과 안 되는 말을 분별한다

그림 솜씨가 없는 사람에게 "당신은 그림을 못 그리는군요." 라고 직접적으로 말하지 않아야 합니다.

노래를 잘하지 못하는 사람에게 "당신은 음치군요."라고 대놓고 말하는 것도 피해야 합니다.

이는 좋은 인간관계를 형성하는 데 필요한 최소한의 규칙이지만, 이런 규칙을 지키지 못하는 사람이 있습니다.

식품 제조회사에 근무하는 여성이 있었습니다.

그녀는 신상품을 진열하기 위해 상사가 작성한 신상품 판매 촉진 제안서를 어느 슈퍼의 점장에게 제출한 적이 있었습니다.

하지만 점장은 제안을 거절했습니다. 그 일을 상사에게 보고 하자 상사는 '설득력이 부족해서 그렇다'며 질책했고, 그 말에 발끈한 그녀는 이렇게 말했습니다.

"슈퍼의 점장이 제안을 거절한 이유는 부장님이 작성한 제안서의 표현이 형편없기 때문이에요."

이후 그녀는 상사에게 미움을 받아 무시당했습니다.

이에 반해 좋은 관계를 유지할 수 있는 사람은 감정에 따라 자신의 속마음을 있는 그대로 말하지 않습니다. 진심을 노골적인 말로 드러내면 상대방의 자존심에 상처를 줍니다. 게다가 '아니, 이런 말을 하다니, 이 사람은 나한테 감정이 안 좋구나.'라고 생각하게 하므로 상대방과의 사이에 큰 골이 생깁니다.

친근하면서도 호감을 얻는 사람은 이러한 일에 남보다 더 많은 신경을 씁니다.

즉, 해도 되는 말과 안 되는 말을 분별하는 것은 반드시 지켜야 할 '대화 매너' 중 하나입니다.

POINT

감정에 따라 자신의 속마음을
있는 그대로 말하지 않는다.

08

상대방이 신경 쓰는 일에 대해 말하지 않는다

동남아시아에 예로부터 전해져오는 민화를 하나 소개하겠습니다.

어느 늪지대에 뱀 한 마리가 살고 있었습니다. 첫 번째 개구리가 뱀에게 "너는 수영을 잘하는구나."라고 말했습니다. 그러자 뱀은 기쁘다는 듯이 방긋 웃었습니다.

다음에는 두 번째 개구리가 뱀에게 "너는 나무에도 잘 오르는구나."라고 말했습니다. 그러자 뱀은 또다시 기쁜 듯이 웃었습니다.

마지막으로 세 번째 개구리가 뱀에게 "수영도 잘하고 나무에도 잘 오르니까 손발이 없어도 불편하지 않겠구나."라고 말했습니다. 그 말을 들은 순간 뱀은 크게 화를 내며 세 번째 개구리를 잡아먹고 말았습니다. 뱀은 자기가 손발이 없다는 점에 심한 열등감을 느꼈기 때문입니다.

호감을 얻는 사람은 첫 번째와 두 번째 개구리처럼 상대방의 장점만 말합니다.

그러나 미움을 받는 사람은 세 번째 개구리처럼 상대방이 열등감을 느끼는 부분을 아무렇지도 않게 말하는 경우가 있습니다.

입장을 바꿔서 생각해보면 알기 쉬울 것입니다. 약점을 찔리면 그것만으로도 상대는 크게 상심하는 법입니다.

상대방이 신경 쓰는 점은 건드리지 않는 배려도 '대화 매너'를 지키는 행동으로 이어집니다.

POINT

자신이 들었을 때 기분 나쁜 말은 상대방에게도 하지 않는다.

09

자기 자랑을 하지 않는다

독학으로 영어를 배워서 막힘없이 술술 말할 수 있는 A씨와 B씨가 있었습니다.

그 두 여성은 한 스터디 모임에 강연자로 초대되어 영어 회화를 습득하는 방법에 대해 이야기하게 되었습니다. 어느 해 봄에 먼저 A씨가 강연하고 가을에는 B씨가 강연했습니다.

그런데 해가 바뀌면서 A씨만 그 스터디 모임에 이따금 강연자로 초대를 받았습니다.

왜 그랬을까요? 그 이유는 두 사람의 대화 내용과 관계가 많았습니다. A씨는 지금이니까 웃으며 이야기할 수 있는 자기 자신의 실패담을 중심으로 말했습니다. 그에 비해 B씨는 자기 자랑만 늘어놓았습니다.

이것이 강연이 아닌 일반적인 대화라고 생각해볼까요?

자기 자랑만 하는 사람을 가까이하고 싶어 하는 사람이 있을까요?

사람에게는 크건 작건 간에 '남들에게 인정받고 싶다' '남들에게 좋은 평가를 받고 싶다' '남보다 더 우위에 서고 싶다'는 욕구가 있습니다.

그런데 다른 사람에게서 일방적인 자랑을 들으면 자기 자신의 욕구가 사라집니다. 사람에 따라서는 열등감을 느끼는 경우도 있어서 대부분 기분 나빠합니다.

그런 점에서 미움을 받지 않고 좋은 관계를 유지하는 사람은 잘 분별해서 자랑을 삼갑니다. '나는 이토록 훌륭하다'는 점을 내색하지도 않습니다.

오히려 이야기를 듣는 상대방을 우위에 서게 하려고 합니다.

결론적으로 자랑과 호감도는 '반비례의 관계'에 있습니다.

POINT

자랑과 호감도는 '반비례의 관계'에 있다.

10

감정적으로 말하지 않는다

역사를 잘 모르더라도 일본의 오다 노부나가織田信長, 도요토미 히데요시豊臣秀吉, 도쿠가와 이에야스德川家康는 알고 있을 것입니다. 예전에 대형 신문사에서 이 세 사람을 예로 들어 20대 남녀에게 '세 사람이 현대에 환생해서 회사를 경영하면 누가 가장 성공하겠는가?'라는 조사를 했습니다.

그러자 과반수에 가까운 사람들이 '오다 노부나가'라고 답했습니다.

다음에는 '셋 중 상사로 바람직한 사람은 누구인가?'라는 조사를 실시했습니다.

그러자 '오다 노부나가'라고 답한 사람은 20퍼센트도 되지 않았습니다. 경영자로는 좋은 평가를 받았는데 왜 상사로는 인기가 없었을까요? 대부분의 젊은 사람들은 '성질이 급하고 변덕이 심하고 감정적으로 아무 말이나 할 것처럼 보여서'라는 이유를 들었습니다.

사람은 감정적으로 이야기하는 상대를 무의식중에 '적'으로 간주하는 본능을 가지고 있습니다. 그래서 감정적인 사람을 자기도 모르게 멀리하고 싶어집니다.

반대로 주위에 많은 사람들이 모여드는 사람은 그 점을 잘 분별합니다.

아무리 짜증이 나거나 화나는 일이 있더라도 감정적으로 말하지 않습니다.

그럴 때는 일단 냉정을 되찾고 한숨 돌리면서 마음이 가라앉은 후에 대화를 나누도록 주의를 기울입니다.

POINT

짜증이 나면 일단 마음을 가라앉힌다.

11

난폭한 말을 쓰지 않는다

어느 젊은 여성의 이야기입니다. 그녀가 휴일 오후 자택인 공동 주택에서 음악을 들었더니 옆집에 사는 중년 여성이 큰 소리로 불만을 제기했습니다.

"음악 소리가 너무 시끄럽잖아요. 소리 좀 낮춰요."

이때 그녀는 다음과 같이 생각했다고 합니다.

'뭐야. 자기도 저녁이 되면 TV 볼륨을 크게 틀어놓잖아. 친구를 불러서는 큰 소리로 떠들면서. 그런데 어쩌다 휴일에 음악 좀 틀었기로서니 뭐가 어때서 그래?'

그렇게 생각하니 화가 나서 그만 옆집 여성에게 반박했고, 결국 말다툼이 일어났습니다.

물론 말다툼의 원인은 옆집 여성의 난폭한 말에 있었습니다.

난폭한 말에는 부정적인 힘이 숨어 있어서 그 말을 들은 사람의 마음에 부정적인 영향을 줍니다.

즉 상대방을 화나게 하거나 겁주기만 해도 서로 간에 큰 골이 생깁니다.

미움을 받지 않는 사람은 상대방을 대할 때 지켜야 할 도리를 잘 이해하고 있어서, 대화를 음악에서 말하는 하모니와 같다고 생각합니다.

'내가 아름다운 음색을 연주하면 상대방도 아름다운 음색을 연주한다. 그러면 멋진 하모니를 만들어낼 수 있다.'

이런 점을 의식하면 난폭한 말을 쓰지 않게 되며 타인과 말다툼을 일으키는 일도 없어질 것입니다.

POINT

자신이 부드러운 음색을 연주하면
상대방도 부드러운 음색을 연주한다.

12

사람들에게 호감을 얻기 위한
일곱 가지 규칙

콜레스테롤 수치가 높아서 의사에게 식생활에 주의하도록 조언을 받은 사람이 있다고 합시다.

그 사람은 우선 달걀노른자나 간과 같이 콜레스테롤을 많이 함유한 식품을 최대한 제한해서 먹는 등 식생활에 신경 써야 합니다.

하지만 그것만으로는 부족합니다. 동시에 두부나 낫토와 같이 콜레스테롤이 적은 식품을 많이 먹어야 합니다.

대화에서도 마찬가지입니다.

이 장에서 설명한 '대화 매너'는 미움을 받지 않기 위한 최소한의 필요조건이지, 호감을 얻는 사람이 되기 위한 충분조건이 아닙니다. 좀 더 좋은 관계를 형성하려면 다음의 규칙을 명심하기 바랍니다.

① 처음 만나는 상대와 대화를 통해 서로 마음을 터놓는다.
② 대화를 디자인해서 상대방의 마음을 연다.
③ 타인을 기쁘게 하는 대화를 하도록 주의한다.
④ 자신을 드러내지 않고 대화를 나눈다.
⑤ 남을 위해 애쓰는 자세를 말로 표현한다.
⑥ 대화를 통해서 기브 앤드 테이크의 관계를 형성한다.
⑦ 자신을 연마한다.

다음 장부터는 이 규칙 일곱 가지를 활용하기 위한 방법에 관해 설명하겠습니다.

POINT

미움을 받지 않기 위한 최소한의 필요조건
다음에는 좀 더 좋은 관계를 형성하기 위한
충분조건에 관심을 돌린다.

SUMMARY
OF
CHAPTER 1

'미움받는다'고 걱정하는 사람은 평소 자신의 말과
행동이 대화 매너에 어긋나지 않았는지 돌이켜보자.

미움받지 않는 사람은 상대방을 불쾌하게 하는
부정적인 말이나 험담, 자기 자랑 등을 하지 않도록
노력한다.

미움받지 않는 사람은 감정적으로 말하거나
난폭한 말을 쓰지 않는다.

CHAPTER 2

처음 만나는 상대라도
대화를 통해
마음의 문이 열린다

01

인상은
만난 순간 결정된다

심리학에 '초두 효과'라는 말이 있습니다. 초두 효과란 첫인상에 따라 이후에 일어나는 일의 옳고 그름을 결정하는 인간 특유의 심리 작용을 말합니다.

패션이 좋은 예라고 할 수 있습니다. 이를테면 깔끔한 슈트를 입어서 옷차림을 단정히 한 사람은 성실하고 상식을 아는 사람이라는 인상을 줍니다.

또한 그런 사람을 '이토록 단정하니까 지성을 갖춘 훌륭한 사람이 분명하다'고 판단하기도 합니다. 이처럼 실제로는 아무것도 모르더라도 그 사람의 이미지를 멋대로 부풀리는 경우가 있습니다.

이 초두 효과의 작용은 상대방과 처음 만났을 때 가장 강력하게 나타납니다. 일설에 의하면 사람은 만난 지 7초 만에 상대방의 첫인상을 결정한다고 합니다.

이 초두 효과를 효과적으로 활용하려면 상대방과 처음 만났을 때 대화하기보다 먼저 웃는 얼굴로 대하는 것이 기본입니다. 웃는 얼굴은 첫 만남에서 긴장된 분위기를 즉시 완화해서 상대방을 기분 좋게 하는 효과가 있습니다.

또 상대방에게 안도감을 주고 서로 간에 존재하는 장벽을 낮추어줍니다. 이러한 상승 효과로 상대방은 '이 사람은 느낌이 좋은 사람'이라는 첫인상을 갖게 됩니다.

POINT

처음 만났을 때는 대화하기보다
먼저 웃는 얼굴로 대한다.

02

'돈독한 관계를 맺고 싶다'는
마음을 말로 전해야 좋다

출판사에 근무하는 어느 편집자에 관한 이야기를 소개하겠습니다. 그녀가 베스트셀러를 여러 권 저술한 유명 작가에게 집필을 부탁하러 갔을 때의 이야기입니다.

그 작가는 그녀와 만나자마자 이렇게 말했습니다.

"만나서 정말 반갑고 영광입니다."

또 이렇게도 말했습니다.

"당신과 한 팀이 되어 새로 훌륭한 작품을 만들어낼 생각을 하니 가슴이 설레네요. 아무쪼록 잘 부탁합니다."

그녀는 이 말을 들은 순간 굉장히 감동하여 편안한 분위기 속에서 마음을 터놓고 대화를 나눌 수 있었다고 합니다.

이 '만나서 정말 반갑고 영광입니다.'라는 말은 손윗사람이나 손아랫사람을 불문하고 모르는 사람과 처음 만났을 때 말하면 매우 효과적입니다.

그 배경에는 '당신과 만날 수 있어서 매우 감사합니다. 이 인연을 소중히 해서 돈독한 관계를 맺고 싶습니다'라는, 사랑과 선의로 가득 찬 마음이 있기 때문입니다.

따라서 어떤 사람과 처음 만났을 때는 이 말을 꼭 해보면 좋을 것입니다.

이때 앞에서 설명했듯이 웃으면서 공손한 어조로 말하는 것이 중요합니다.

그렇게 하면 그 태도가 첫인상으로 남아서 상대방의 뇌리에 '호감이 간다'는 생각이 새겨질 테니까요.

POINT
처음 만나는 사람에게는 웃으면서
"만나서 정말 반갑고 영광입니다."라고 말한다.

03

상대방을 이름으로 부른다

음악 잡지 편집자인 호시카 루미코 씨는 일본에서 처음으로 비틀즈의 단독 인터뷰에 성공해서 잡지 매출 부수를 비약적으로 늘린 사람입니다.

비틀즈 멤버인 존 레논을 처음 만난 날, 간단히 자기소개를 하고 몇 분 후 존이 "미스 호시카 루미코는 어떤 걸 마시겠어요? 커피가 좋아요? 아니면 홍차?"라고 했을 때 그녀는 매우 감격했고 존의 인간성에 감동했다고 합니다.

존과 만났을 때 그 자리에는 통역사와 카메라맨을 포함해서 여러 사람이 있었는데도 자신의 이름을 잊지 않고 풀 네임으로 불러준 것에 그녀는 굉장히 기뻐했습니다. 이러한 존 레논의 자세는 대인관계에서 많은 참고가 됩니다.

상대방과 처음 만났을 때 명함을 교환했더라도 상대방의 이름을 즉시 생각해내지 못해서 '당신' '댁'이라고 부르는 경우가 꽤 있습니다. 풀 네임까지는 아니더라도 '김최고 씨' '이순진 씨'라고 이름으로 불러주면 기분이 좋아집니다. 이름을 불러주면 자기 자신의 존재감이 높아지고 개성을 존중받은 기분이 들기 때문입니다. 누구라도 만난 순간 상대방의 이름을 외워서 이름으로 부르면 초두 효과가 훨씬 더 크게 작용할 것입니다.

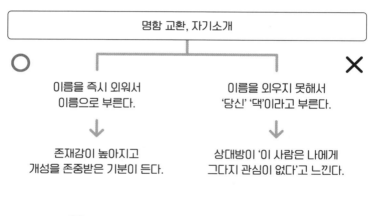

명함 교환, 자기소개

○ 이름을 즉시 외워서
이름으로 부른다.
↓
존재감이 높아지고
개성을 존중받은 기분이 든다.

✕ 이름을 외우지 못해서
'당신' '댁'이라고 부른다.
↓
상대방이 '이 사람은 나에게
그다지 관심이 없다'고 느낀다.

POINT

이름을 불러주면 존중받은 기분이 든다.

04

'최근에 일어난 일'을 대화의 소재로 삼으면 한결 가까워진다

예전에 어느 심리학자가 독특한 실험을 한 적이 있었습니다.

심리학자는 두 여대생에게 역 앞의 같은 장소에서 동일한 시간대에 산지에서 직송한 같은 품종의 귤을 팔게 했습니다.

그러면서 한 학생에게는 귤을 사러 온 손님에게 "고맙습니다."라는 말만 하도록 지시했고, 다른 학생에게는 귤을 사러 온 손님에게 "오늘은 날씨가 춥네요." "이제 곧 크리스마스네요."라는 말도 덧붙이라고 했습니다.

첫날 두 사람이 판매한 귤의 수는 거의 같았지만, 며칠 후에 동일한 실험을 했더니 감사 인사에 말을 덧붙인 학생이 귤을 더 많이 판매했습니다.

이는 "오늘은 날씨가 춥네요." "이제 곧 크리스마스네요."라는 말과 관계가 있었습니다. 학생은 이 말로 대화를 이어나가 며칠 전에 온 손님에게 거리를 좁히고 친근감을 느끼게 했습니다. 즉 단골이 늘어난 것입니다.

처음 만나는 사람과의 거리를 좁히려면 상대방이 한마디라도 쉽게 할 수 있는 화제를 던집시다.

"올여름은 불볕더위가 계속되는군요." "이제 곧 올림픽이 개최되겠네요." 등과 같이 최근의 사건에 관한 것이어도 상관없습니다.

자신이 이렇게 말하면 상대방도 호응해서 그 자리의 분위기가 부드러워집니다. 이러한 행동은 상대방과의 거리를 좁힐 수 있는 좋은 계기가 됩니다.

POINT

상대방이 한마디라도 쉽게 말할 수 있는 화제를 던진다.

05

상대방에 관한 정보를 활용한다

처음 만나는 상대와의 거리를 좁히기 위한 효과적인 대화의 기술이 또 하나 있습니다. 그것은 바로 가능하면 사전에 상대방의 정보를 수집해놓고 이를 말하는 것입니다. 물론 공개되어 관심 있다면 알 수 있는 상대방의 정보를 말합니다.

실제로 처음 만났을 때 상대로부터 호감을 얻는 사람은 이 방법을 잘 활용해서 "영덕에서 오셨다고 들었습니다. 경상도 어느 지역입니까?" "그래픽 디자인 업무를 하시나 보군요." "호주로 유학을 다녀오셨다지요?"라는 식으로 말합니다.

상대방은 이런 말을 들으면 '이 사람은 나에게 관심을 보이는구나'라는 생각이 강해지며 자기 자신의 존재감이 높아지고 개성을 존중받은 기분이 들어 편안함을 느끼기 때문입니다.

그 결과 상대방이 마음을 열게 됩니다. 그러므로 알 수 있는 범위에서 다음과 같은 정보를 수집해놓고 이런 말은 해도 지장이 없겠다 싶은 말을 하면 좋습니다. 단, 무리해서 정보를 캐낼 필요는 없습니다.

① 출신지는 어디인가?
② 어떤 일을 하는가?
③ 어떤 경력의 소유자인가?
④ 어떤 일에 관심을 보이는가?

POINT

'나에게 관심을 보인다'고 느끼게 한다.

06

자신의 정보를
자연스럽게 전달한다

대부분의 사람들은 처음 만나는 사람과 대화할 때 긴장합니다. 그래서 대화에 활기가 부족하거나 대화가 중단되는 경우가 있습니다. 이는 '이 사람은 어떤 사람일까?'라며 서로에게 불안감과 경계심을 느끼기 때문입니다.

이런 불안감과 경계심을 해소하려면 먼저 "저는 부산에서 학교를 다녔지만 지금은 서울 성북구에서 살고 있습니다." "회사에서는 경리 업무를 맡고 있습니다." "취미는 과자 만들기와 댄스입니다." "저는 추위에 약한데 이곳이 따뜻해서 정말 살 것 같습니다." 등과 같이 자신에 관해서 말하면 좋습니다.

왜 이 방법이 좋을까요? 이는 심리학에서 말하는 '자기 개시

의 반보성'과 관계가 있습니다. 즉 사람에게는 상대방이 개인
적인 정보를 알려주면 이번에는 자신도 개인적인 정보를 상대
방과 비슷한 정도로 알려주려고 하는 심리 작용이 존재합니다.

상대방과 처음 만났을 때 대화에 좀처럼 활기가 생기지 않는
다면 자신의 출신지나 일, 취미 등 무난한 것부터 자연스럽게
말해봅시다. 그러면 "저도 과자 만들기를 좋아합니다."와 같이
뜻밖의 형태로 이야기가 활기를 띠면서 서로 의기투합하게 될
가능성이 있습니다. 이는 상대방도 마음을 열기 시작했다는 증
거입니다.

자기 개시의 반보성

· 저는 부산에서 학교를 다녔지만 지금은 서울 성북구에서 살고 있습니다.
· 과자 제조회사에서 영업을 담당하고 있습니다.
· 취미는 영화 감상과 축구 관전입니다.

상대방이 개인적인 정보를 알려주면
자신도 개인적인 정보를 상대방과 비슷한 정도로 알려주려고 한다.

POINT -

자신이 먼저 마음을 열면 상대방도 마음을 연다.

- -

07

상대방과 자신의 공통점을 찾아낸다

처음 만나는 사람의 마음을 열기 위한 또 다른 기술로서 상대방과 자신의 공통점을 찾아내는 것도 좋습니다. 이 방법은 그다지 어렵지 않습니다.

자신의 개인적인 정보를 자연스럽게 알려주고 상대방도 자신과 비슷한 정도로 개인적인 정보를 알려주면, 그중에서 연결할 수 있을 만한 점을 찾으면 됩니다.

예를 들어 상대방이 서울의 이태원에 자주 가는 사람인데 자신도 이태원에 자주 간다고 하면 대화가 다음과 같이 진행될 가능성이 있습니다.

"이태원에서 자주 가는 음식점이 있으세요?"

"저는 ○○라는 음식점의 파스타를 굉장히 좋아해서 자주 먹으러 갑니다."

"그 집의 파스타는 진짜 맛있어요. 저는 그곳의 샐러드도 좋아해요."

"아, 샐러드도 맛있나요? 다음에 가면 꼭 먹어보겠습니다. 또 추천할 만한 가게는 없나요?"

이런 대화를 나눌 때는 상대방을 우위에 서게 하는 점이 중요합니다.

앞의 대화 예문에서도 나왔듯이 "또 추천할 만한 가게는 없나요?"라며 배우는 자세로 대하면 상대방은 당연히 '추천하는 가게를 알려주는 입장'으로 우위에 설 수 있습니다. 그러면 우월감이 충족되는 동시에 마음을 엽니다.

어쨌든 이러한 대화를 거듭해나가면 긴장감과 경계심이 점점 줄어들어서 어느덧 대화가 더욱 활기를 띨 것입니다.

POINT

공통된 화제를 찾으면서 상대방을 우위에 서게 한다.

08

상대방의 관심사를 알아차려서
공감하는 자세를 보인다

처음 만나는 사람의 마음을 열기 위한 기술로서 상대방과 자신의 공통점을 찾아내는 것에 관해 설명했는데, 때로는 쉽게 찾을 수 없는 경우가 있습니다.

그럴 때는 상대방의 관심사를 간파하면 좋습니다.

이를테면 상대방이 생태학에 관심을 갖고 있다는 사실을 알았을 때는 다음과 같은 질문을 던져봅시다.

"평소 생활하면서 어떤 점에 주의를 기울이시나요?"

이 질문에 상대방이 "목욕하고 남은 물은 빨래할 때 사용합니다. 필요 없는 책은 도서관에 기부하고요."라고 대답했다고 합시다.

그러면 이번에는 다음과 같이 공감하는 자세를 보입니다.

"그렇군요. 참고하겠습니다. 저도 본받아야겠네요."

이렇게 말한다면 대화에 점점 활기가 생길 것입니다.

상대방의 관심사를 간파하기란 그리 어렵지 않습니다.

예를 들어 송년회 자리에서 만난 사람이 샐러드를 주문한다면, "채소를 좋아하시나요?"라고 물어보세요.

자신에게 관심을 가지고 물으니 설령 채소를 좋아하지 않더라도 채소를 챙겨 먹는 이유를 말해줄지도 모릅니다. 어쩌면 다이어트나 건강에 관심을 기울인다는 사실을 알 수도 있을 것입니다.

그러면 알아차린 사실을 화제로 삼아서 상대에게 공감을 표현하면 됩니다.

이렇듯 상대방에게 흥미를 갖고 이를 말로 표현하면 서로의 거리가 한결 가까워지고 좋은 분위기가 형성될 것입니다.

POINT

상대방에게 흥미를 갖고 이를 말로 표현하면
서로의 거리가 한결 가까워진다.

09

소중한 사람이라고 생각하면
그 생각이 행동에도 나타난다

보험 영업에서 실적이 우수한 한 여성이 있습니다.

그녀는 어떤 주부의 집을 방문해서 두 시간 정도 대화를 나눈 적이 있었습니다.

대화하는 동안 주부가 한 가지 의아하게 여긴 점이 있었는데, 그것은 바로 그녀의 휴대전화가 한 번도 울리지 않는 점이었습니다.

'이 사람은 휴대전화가 없나? 아니면 놓고 왔나?'

이렇게 생각한 주부가 혹시 휴대전화가 없냐고 물어보자 그녀는 다음과 같이 대답했다고 합니다.

"아니에요. 휴대전화는 갖고 있습니다. 하지만 지금 제게 가장 중요한 분은 이렇게 눈앞에서 이야기를 들어주시는 사모님이세요. 그래서 휴대전화의 전원을 꺼놓았습니다."

상대방의 휴대전화가 울려서 대화가 중단되면 당연히 기분이 좋지 않습니다.

하물며 상대방이 처음 만나는 사람이라면 대화 기술의 효과가 반감될 수 있습니다. 따라서 이 여성과 마찬가지로 휴대전화의 전원을 끄는 것은 물론, '눈앞에 있는 사람을 중요하게 생각하자'며 자신을 타이르는 자세가 중요합니다.

눈앞에 있는 상대방을 우선시하면 그 마음이 말과 행동에도 나타납니다. 그러면 상대방도 저절로 호감을 느끼며 '이 사람에게는 다른 사람에게서 느낄 수 없는 다정함과 따뜻함이 있다'고 여길 것입니다.

POINT

대화를 나눌 때는 눈앞에 있는 상대방을
우선시한다.

10

헤어질 때 어떤 말을
선택하느냐에 따라 이미지가 달라진다

업무상 알고 지내는 지인과 레스토랑에 식사하러 갔다고 합시다.

맛도 좋고 가격도 비교적 적당해서 나름대로 만족했지만, 단체 손님이 떠들어대는 통에 시끄러워서 지인과 마음 편히 대화할 수가 없었습니다.

얼마 후 음식 값을 계산하려고 하자 레스토랑 점장이 곁으로 와서 이렇게 말했다고 합시다.

"오늘은 단체 손님 예약이 들어오는 바람에 시끄러워서 죄송했습니다. 사죄하는 뜻에서 다음에 오셨을 때를 위해 무료 음료 쿠폰을 드리겠습니다."

이때 어떤 마음이 들까요?

시끄러워서 지인과 마음 편히 대화할 수 없었던 점은 잊어버리고 '느낌이 좋은 가게'라는 인상이 이후에도 계속 남아서 '또 와야지' 하고 생각할 것입니다.

사람과의 대화도 이와 마찬가지입니다. 상대방과 처음 만났을 때 마지막에 건네는 한마디로 상대방에게 좋은 인상을 주는 경우가 있습니다. 이때는 다음과 같은 말이 효과를 발휘합니다.

"저를 위해서 귀중한 시간을 내주셔서 대단히 감사합니다."

"이 일을 계기로 해서 앞으로도 사이좋게 지낼 수 있었으면 좋겠습니다."

이 말에는 좋은 의미로 자신을 낮추고 상대방을 존경하는 메시지가 담겨 있습니다.

그 결과 상대방은 자존심이 충족되는 동시에 그런 말을 한 사람에게 성의를 느껴서 호감을 느낍니다.

POINT

마지막의 한마디로 자신의 이미지 향상을 노린다.

11

상대방을 선입견에 얽매여서 판단하지 않는다

일본 무로마치 시대의 잇큐一休라는 임제종의 승려에 얽힌 유명한 일화가 있습니다.

어느 날 잇큐는 부잣집에서 열리는 법회에 초청을 받아서 늘 입는 남루한 가사(승려가 입는 법의)를 걸치고 갔습니다. 그러자 접수를 맡은 사람이 "여기는 거지 중이 올 곳이 아니야."라고 하며 쫓아냈습니다.

하는 수 없이 이번에는 귀족과 만날 때 입는 화려한 가사로 갈아입고 그 집에 다시 찾아갔습니다. 그랬더니 부자가 "잘 오셨습니다."라고 하며 법회가 끝난 후 진수성찬을 대접했습니다. 이때 잇큐는 다음과 같이 말했습니다.

"이 진수성찬은 저 말고 제가 입은 가사에게 대접하시지요."

현대인은 이 이야기에 등장하는 부자를 무시할 수 없습니다. 우리도 부자와 마찬가지로 사람을 외모, 지위, 연봉, 직종, 집안 등 색안경을 끼고 판단하는 면이 있으니까요.

그러나 친근감을 주는 사람은 다릅니다.

상대방이 누구든 간에 선입견에 얽매여 사람을 판단하지 않습니다. 그저 만남을 감사히 여기고 그 사람과의 인연을 소중히 합니다.

따라서 인연이 인연을 불러 많은 사람들의 응원과 협력을 얻으며 행운에 둘러싸인 인생을 보낼 수 있는 것입니다.

POINT

만남을 감사히 여기고 인연을 소중히 한다.

SUMMARY
OF
CHAPTER 2

상대방과 처음 만났을 때는 웃는 얼굴로 만나서 반가운
마음을 말로 전하자.

최근에 일어난 일, 사전에 조사한 상대방의 정보,
자신의 정보를 소재로 삼아서 상대방과의 거리를 한층
더 좁히자.

상대방과 처음 만났다면, 대화 속에서 상대방과의
공통점, 상대방의 흥밋거리나 관심사를 찾아내서
화제로 삼자.

CHAPTER 3

대화를 디자인해서
상대방의 마음을 연다

01

상대방에게 안도감과
신뢰감을 준다

낯선 장소에 갔는데 배가 고파서 뭔가를 먹고 싶어졌다고 합시다.

'어느 음식점에서 먹을까?'

'이 음식점은 맛있을 것 같긴 한데 비싸 보이네.'

그렇게 생각하던 참에 우연히 편의점이 눈에 띄었습니다.

게다가 그곳이 평소 자신이 늘 이용하는 곳과 같은 브랜드의 편의점이라면 어떨까요?

그곳에서 주먹밥이나 샌드위치를 구입하여 대충 때우는 사람도 많을 것입니다.

왜 그럴까요? 그 편의점에 대해 잘 알고 있기 때문입니다.

다시 말해 편의점에서는 고객에게 '이곳에는 이런 종류의 주먹밥과 샌드위치가 있고, 이 제품들은 이런 맛이 난다'고 하는 안도감과 신뢰감을 주어서 상품을 판매하려고 합니다.

이는 대인관계에서도 마찬가지입니다.

상대방과 처음 만났을 때 좋은 인상을 심어주거나 직장 동료 또는 학교 친구들처럼 사이가 돈독해졌다고 해도 그것만으로는 호감을 얻기에 부족합니다.

좋은 관계를 뛰어넘는 관계, 호감을 얻는 단계에 이르려면 상대방에게 안도감과 신뢰감을 주어야 합니다.

'이 사람과 대화하면 왠지 모르게 안심이 된다'고 생각하게 해서 상대방의 마음을 열어야 합니다. 그 기본이 바로 '대화를 디자인하는 기술'입니다.

POINT

'이 사람과 이야기하면 즐겁고 안심이 된다'고
생각하게 한다.

02

호감을 얻는 사람은 '대화 디자인의 달인'이다

건축가가 고객에게서 '모던하고 공간을 넓게 배치한 집에서 살고 싶다'는 설계 의뢰를 받았다고 합시다.

이때 건축가가 고객의 요구를 무시하고 독단적으로 집을 설계하면 어떻게 될까요?

자신의 의향을 무시당했다고 생각한 고객이 '이 사람에게 집 건축을 부탁하면 안 되겠어'라고 마음을 닫아서 더 이상 일이 진행되지 않을지도 모릅니다.

하지만 대부분 실제로 그런 일은 일어나지 않습니다.

건축가는 고객에게 취향이나 요구 사항을 상세하게 물어보는 일부터 시작하기 때문입니다.

그런 다음 "거실의 천장을 높게 하면 어떨까요?" "주방에는 아일랜드 식탁을 놓고 수납공간을 넉넉하게 만들면 어떨까요?" 등의 제안을 내놓습니다.

이렇게 사전 협의를 거듭하다 보면 고객은 건축가를 신뢰하고 친근감과 호감을 보입니다.

대화도 마찬가지입니다. 상대방의 의향, 생각, 가치관 등을 무시하고 일방적으로 말하면 상대방은 그 사람을 멀리합니다.

반대로 상대방의 의향, 생각, 가치관을 존중하면서 캐치볼을 하듯이 대화를 계속 나누다 보면 상대방은 그 사람에게 긍정적인 감정을 느끼기 시작해서 마음을 놓습니다.

또한 그 사람을 신뢰하고 친근감과 호감을 보입니다.

이런 자세가 바로 대화를 디자인하는 것입니다.

POINT

상대방의 의향, 생각, 가치관을 존중하면서 대화의 캐치볼을 한다.

03

인사법을 연구하는 것만으로 대화의 캐치볼이 시작된다

    대화를 디자인하기 위한 첫걸음은 인사에서 시작된다고 해도 과언이 아닙니다. 인사를 일본어로 표기하면 '아이사쓰'挨拶라고 하는데, 아이사쓰의 '아이'挨라는 글자에는 '마음을 열다'라는 뜻이 담겨 있고, '사쓰'拶라는 글자에는 '접근하다'라는 뜻이 담겨 있습니다. 즉 아이사쓰란 본질적으로 자기 스스로 마음을 열고 상대방에게 접근한다는 뜻입니다.

    친근감을 주는 사람은 그런 점을 잘 알고 있어서 인사법에도 정성을 들입니다. 이를테면 "A씨, 안녕하세요."라는 말로만 끝내서는 부족합니다.

    "A씨, 안녕하세요. 굉장히 건강해 보이시네요. 전에 헬스클럽에 다니기 시작했다고 하셨는데 그 효과를 보셨군요!"라는 식으로 말하면 좋습니다.

직장 동료에게는 "B씨, 좋은 아침이에요. 당신이 재미있다고 추천해준 서스펜스 드라마를 저도 봤어요. 굉장히 재밌던데요?"라고 말할 수 있습니다.

이렇듯 친근감을 주는 사람은 인사할 때 상대방의 관심사를 화제로 삼아서 자연스럽게 말을 건네는 기술이 뛰어납니다. 상대방은 '이 사람은 나를 생각해주는구나'라고 느끼게 되고, 이로써 대화도 활기를 띕니다.

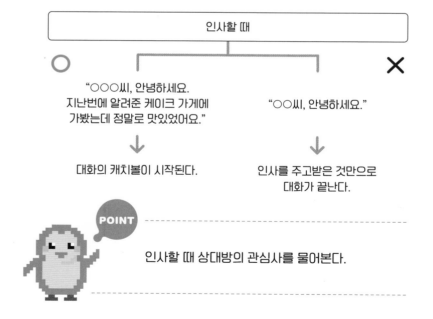

인사할 때

○

"○○○씨, 안녕하세요.
지난번에 알려준 케이크 가게에
가봤는데 정말로 맛있었어요."

↓

대화의 캐치볼이 시작된다.

✕

"○○씨, 안녕하세요."

↓

인사를 주고받은 것만으로
대화가 끝난다.

POINT

인사할 때 상대방의 관심사를 물어본다.

04

상대방의 마음을 열게 하는
질문의 기술

일반적으로 스모 선수 중에는 과묵하고 말주변이 없는 사람이 많다고 합니다. 기자들이 질문해도 한마디로 간단히 대답할 뿐입니다. 그런데 유명한 뉴스 캐스터 구와 히토미 씨는 잡지에 실을 대담을 나누면서 이런 스모 선수조차도 최대한 말을 많이 하게 했습니다. 그렇다고 그녀에게 특별한 기술이 있는 것은 아니었습니다. 상대방이 대답한 내용에 맞춰서 대화를 진행했을 뿐입니다. 예를 들어보겠습니다.

"어떤 음식을 좋아하세요?"

"단 음식을 좋아합니다."

"저도 단 음식을 굉장히 좋아해요. 단 음식 중에서 무엇을 가장 좋아하시나요?”

　“마롱 케이크요.”

　“마롱 케이크는 저도 정말 좋아해요. 마롱 케이크가 맛있는 가게를 알고 계세요?”

　이는 심리학에서 말하는 ‘미러링’mirroring과 관계가 있습니다. 미러링이란 상대방이 한 말을 거울에 비추듯이 복창하는 것입니다. 상대방이 한 말을 복창하면 상대방은 호의와 존경심으로 인식해서 쉽게 마음을 연다는 이점이 있습니다.

　결론적으로 대화를 즐겁게 디자인할 수 있는 사람은 질문하는 방식이 뛰어납니다.

미러링

어디로 여행을
가고 싶으세요? 로마에 가고
싶습니다. 저도 로마에 가고 싶습니다.
로마에 가면 뭘 하실 건가요?

상대방이 한 말을 복창하면서 질문을 주고받으면 대화를 능숙하게 디자인할 수 있다

POINT

상대방의 화제, 관심사에 이야기를 맞춰서
복창한다.

05

질문과 힐문의
차이를 알자

대화를 즐겁게 디자인할 수 있는 사람은 질문하는 방법이 다른 사람과 다릅니다. 질문에도 요령이 있어 보입니다.

질문은 무턱대고 한다고 되는 것이 아니라 주의를 기울여야 하는 경우도 있습니다. 질문과 힐문은 다르니까요.

예를 들어 대화 상대가 휴가 때 홍콩에 다녀왔다고 합시다.

이때 "날씨는 어땠습니까?" "백만 불짜리 야경은 보셨어요? 아름다웠죠?"라고 상대방에게 긍정적으로 물어보면 대화 분위기는 점점 무르익습니다.

이것이 바로 이상적인 질문입니다.

그렇다면 다음과 같이 질문하면 어떨까요?

"요즘 같은 불경기에, 더구나 한창 휴가철인데 용케 홍콩에 가셨네요. 투어 비용도 비싸지 않았습니까?"

너무 부정적으로 보이지 않나요? 상대방은 이런 말을 들으면 안심해서 이야기할 수 있기는커녕, 오히려 경계심을 강화해서 대답하기를 주저합니다. 약간 비아냥거리는 느낌이 들어서 불쾌해하는 사람도 있을 것입니다.

즉 정말 궁금해서 물어보았다 해도 상대방은 힐문을 받았다고 여길 수 있습니다.

질문은 대화의 분위기를 띄울 수 있지만 힐문은 대화에 찬물을 끼얹을 수 있습니다.

또한 좋은 질문은 상대방을 기분 좋게 하지만, 부정적인 힐문은 상대방을 불쾌하게 합니다.

이런 점에 주의를 기울이기만 해도 상대방이 나에게 느끼는 인상이나 내리는 평가는 완전히 달라집니다.

POINT

질문 방식 하나로 상대방의 기분이 좋아지기도 하고 불쾌해지기도 한다.

06

쓸데없는 잡담을
중요하게 생각한다

대화라고 항상 격식차릴 필요는 없습니다. 종류가 다양합니다. 사무적인 대화를 나누다가도 취미나 기호 등에 관한 이야기로 전환하여 때로는 잡담을 즐기는 것도 좋은 대화라고 할 수 있습니다.

잡담은 대화에서 매우 중요합니다.

일례를 들면, OA 기기 영업을 담당하는 여성이 있었습니다.

그녀가 한 회사에 영업하러 갔을 때 응대해주던 담당자와 다음과 같은 이야기를 나눈 적이 있었습니다. 담당자가 "날씨가 꽤 추워졌네요. 추워지면 우리 사장님의 심기가 불편해지세요. 아무래도 지병인 요통이 악화되어서 그런지…"라고 말하자, 그녀는 "우리 아버지도 그러셨어요. 하지만 어느 지압사에게 치료를 받았더니 금세 좋아지시더라고요."라고 답했습니다. 이에 담당자는 "아, 그래요? 그 지압사를 사장님께 소개해 줄 수 있나요? 지금 사장님을 불러 오겠습니다." 하고 반색했습니다.

결국 그녀는 이 일을 계기로 사장과도 직접 만날 수 있었고, 계약도 멋지게 따내는 데 성공했습니다.

잡담은 표면적으로 무의미해 보입니다. 하지만 그 속에는 서로의 마음을 열고 친해질 수 있는 화제가 많이 숨어 있습니다. 만일 그녀가 일만 생각해서 담당자의 잡담에 "큰일이네요."라고 무미건조하게 대답하고 끝냈다면 계약으로 이어지지 않았을지도 모릅니다.

잡담을 나누는 동안 친해지기 위한 화제에 민감하게 반응하면 상대방은 '이 사람과 좀 더 이야기하고 싶다'고 생각해서 대화의 캐치볼이 성립됩니다.

POINT

잡담은 친해지기 위한 화제의 보물창고다.

07

전문용어나 어려운 말을 쓰지 않고 대화한다

어떤 업계나 직종이든 그 안에서만 쓰이는 전문용어가 있기 마련입니다.

출판 업계에서도 편집자가 "초교지가 나왔으니 서둘러서 확인해주세요."라는 말을 씁니다.

초교는 저자나 편집자가 처음으로 보는 교정을 말하며, 초교지라고 하면 첫 번째 교정지를 말합니다. 즉, 이 말은 '첫 교정을 서둘러서 봐주세요.'라는 뜻입니다.

그러나 이 말은 출판 업계에서나 통할 뿐이지, 일반 사람들이 들으면 짐작할 수는 있으나 정확한 의미는 잘 모릅니다.

따라서 일반 사람들과 대화할 때는 자신이 일하는 업계에 종사하는 사람만 알 수 있는 전문용어 등의 어려운 말을 쓰지 말아야 합니다.

그런 말을 사용하면 그것만으로 상대방이 거부 반응을 보이며 불쾌감을 느끼는 경우가 있기 때문입니다.

많은 사람들에게 호감을 얻는 사람은 그런 점에도 일일이 신경을 씁니다.

대화할 때는 전문용어 등의 어려운 말을 초등학생이나 중학생도 이해할 수 있는 말로 바꾸며, 상대방이 "그 말의 의미는 무엇입니까?"라고 물어볼 만한 말도 쓰지 않습니다.

그렇게 하면 상대방이 당황해하거나 거부 반응을 보이지 않습니다. 불쾌감에 사로잡히는 일도 없습니다.

이런 점에 주의를 기울이면 대화를 즐겁게 디자인할 수 있습니다.

POINT

대화할 때는 전문용어 등의 어려운 말을
초등학생이나 중학생도 알 수 있는 말로 바꿔 쓴다.

08

언제든지
아는 척하지 않는다

혼자 사는 A씨가 지인의 홈 파티에 참석했을 때의 일입니다.

해외여행에 관한 이야기로 화제가 전환되어 참가자 중 한 명인 B씨가 "나는 몇 년 전에 남편과 함께 몰디브에 스쿠버다이빙을 하러 간 적이 있어요."라고 이야기했습니다. 그러자 A씨는 몰디브에 간 적도 없으면서 대화에서 소외되기 싫어서 자기도 모르게 거짓말을 하고 말았습니다.

"저도 애인과 몰디브 리조트에 간 적이 있어요. 그곳이 이슬람권인 탓에 좋아하는 술을 한 방울도 마실 수 없어서 정말 아쉬웠죠."

그녀가 이렇게 말하자 B씨가 다음과 같이 반박했습니다.

"어머, 이상하네요. 관광객이 머무르는 리조트 호텔은 정부가 허가해서 어디에서나 술을 마실 수 있을 텐데요?"

이리하여 A씨는 큰 수모를 당하고 말았습니다. 이는 결코 남의 일이 아닙니다.

상대방의 이야기에 맞추려고 무심코 '아는 척'하는 사람이 있습니다. 하지만 그런 행동이 도를 넘으면 A씨처럼 거짓말을 할 수도 있습니다.

문제는 상대방이 거짓말을 알아차렸을 때입니다. 그러면 망신을 당할 뿐만 아니라 상대방의 신뢰도 잃습니다.

상대의 마음을 얻는 대화는 진솔하면서 가식이 섞이지 않아야 합니다. 공연히 허세를 부리며 아는 척을 해서 눈살을 찌푸리게 하지 말아야 합니다.

POINT

모르면 모른다고 솔직하게 말한다.

09

자신이 한 말에 책임을 진다

    대화를 디자인하려면 자신이 한 말에 책임을 지는 것도 중요합니다. 그 좋은 예로 어느 여성 디자이너의 이야기를 소개하겠습니다.

    이 디자이너는 어떤 기업에서 의뢰하는 홍보 작업을 해마다 맡아서 진행해왔습니다.

    그런데 같이 일하던 기업의 담당자가 바뀌고 난 후 새로운 담당자와 함께 일하는 것이 망설여졌습니다.

    그 이유는 무엇일까요?

    바로 새 담당자의 의견이 자주 바뀐다는 점이 문제였습니다.

    담당자가 "이번 회보지는 따뜻한 붉은색 계통으로 만들어주세요."라고 주문해서 붉은색 계통을 중심으로 디자인했는데 나중에 "제가 그런 말을 했었나요?"라면서 모른 척한 것입니다.

그런 일이 한두 번도 아니었습니다. 그 담당자와 일하면 매번 곤란한 일이 이어졌습니다. 그러자 디자이너는 '이 사람은 자기가 한 말에 책임을 지지 못하는 사람이구나.'라는 생각에 불신감을 느꼈습니다.

타인과의 대화에서 자신의 의견을 말하는 것은 중요합니다.

하지만 말이 자꾸 달라지면 상대방은 '이 사람은 일관성이 없는데 괜찮을까?' 하고 불신감을 느낍니다.

결과적으로 대화가 성립되지 않을 뿐더러 그 사람을 멀리하게 됩니다.

따라서 모순된 말을 삼가고 자신이 한 말에 책임을 지는 행동은 사람들에게 신뢰와 안심을 주는 데 매우 중요합니다.

POINT

자신이 한 말을 자주 바꾸지 않는다.

10

한 번 내뱉은 말은 반드시 지킨다

자신이 한 말에 책임을 지는 행동은 사람들에게 호감을 얻을 때 매우 중요한 요소입니다. 이와 더불어 자신이 한 말을 반드시 지켜야 한다는 점도 명심해야 합니다.

사람은 '유언실행'有言實行 유형, '유언불실행'有言不實行 유형, '불언실행'不言實行 유형, '불언불실행'不言不實行 유형의 네 가지 유형으로 나눌 수 있습니다. 그중에서도 '유언불실행' 유형이 가장 미움을 받기 쉽습니다.

"다음에 제가 잘 아는 의사를 소개하겠습니다. 조만간 제가 연락하지요."

이런 말을 들어본 적이 있지요?

그 말에는 상대방에 대한 호감과 친근감을 전하는 메시지가 담겨 있습니다.

그래서 그 말을 들은 상대방도 그 메시지를 받아들여서 그 사람에게 감사하고 기대하는 마음을 갖게 됩니다.

하지만 "다음에 제가 잘 아는 의사를 소개하겠습니다. 조만간 제가 연락하지요."라고 말해놓고는 몇 달이 지나도록 그 말을 지키지 않으면 어떻게 될까요?

그 메시지는 겉치레에 지나지 않습니다.

즉 상대방의 입장에서는 감사하고 기대했는데 이를 무시당하고 배신당한 것이나 다름없습니다.

따라서 말로 약속하면 반드시 그 말을 지켜야 합니다.

다시 말해 '유언실행' 유형의 사람이 되어야 상대방이 신뢰감을 느껴서 그 사람에게 호감을 보일 것입니다.

POINT

유언실행 유형의 사람이 되자.

11

상대방의 말과 행동을
여러 방면으로 해석해본다

세상에는 오랜 세월에 걸쳐 네스 호의 괴물 네시를 연구하는 사람들이 있습니다. 그들은 새로운 네시의 사진을 보더라도 '이것은 미지의 생물이다'라고 단정하지 않습니다.

떠내려온 나무일 수도 있고 물고기 떼일 수도 있으며 조작일 가능성도 있다는 등 여러 방면으로 분석합니다.

UFO 연구자도 마찬가지입니다. 그들 또한 새로운 UFO 사진을 봤다고 해서 무조건 '이것은 외계인의 비행선이다'라고 단정하지 않습니다.

자연 현상이나 관측기구는 아닌지, 또는 조작일 가능성은 없는지 여러 측면을 분석합니다.

매사를 다방면적으로 분석하는 버릇은 대화할 때도 중요합니다.

'오늘은 상대방의 기분이 언짢아 보이는구나. 대화 분위기가 영 살지 않네. 어쩌면 나를 싫어하는 게 아닐까?'

그렇게 생각하면 불안감이 증폭되어 오히려 이야기의 흐름이 끊깁니다.

그럴 때는 상대방이 언짢아 보이는 이유를 멋대로 잘못 판단하지 말고 여러 방면으로 분석해봐야 합니다.

'어쩌면 컨디션이 안 좋아서 그럴 수도 있어.'

'혹시 친구랑 싸웠나?'

이렇게 여러 방면으로 이유를 생각하면 상대방에 대한 불안감이 크게 줄어들어서 자연스럽게 대화를 나눌 수 있습니다.

POINT

상대방이 언짢아 보이는 이유를 멋대로
잘못 판단하지 않는다.

12

'식사하면서'
대화하면 좋다

'런천 테크닉'luncheon technique이라는 말이 있습니다. 쉽게 설명하자면 '식사하면서 대화를 나누면 좋은 감정이 생겨나서 이야기가 활기를 띠고 서로 호의를 보인다'는 심리학 기법을 의미합니다.

일본의 다나카 가쿠에이 전 총리는 이 런천 테크닉이 뛰어났는데, 그는 이야기가 길어질 듯하거나 중요한 이야기가 있을 때는 반드시 "우리 집에서 식사하지 않겠습니까?" "이 이야기는 식사하면서 계속하면 어떨까요?"라고 했다고 합니다. 정치계뿐만 아니라 재계에는 이를 위해 '은신처와 같은 레스토랑'을 비서에게 따로 조사하도록 하는 사람도 있다고 합니다.

이 '런천 테크닉'을 활용하면 아주 기분 좋게 대화를 이어나갈 수 있습니다.

중요한 이야기를 할 때 "식사라도 하면서 이야기를 계속합시다."라고 하며 상대방을 식사에 초대하면 좋습니다.

이때 상대방의 기호를 반드시 확인하도록 주의해야 합니다.

"가리는 음식은 없습니까?"

"한식, 양식, 중식 중 어떤 음식을 좋아하십니까?"

"고기 요리를 좋아하십니까? 아니면 생선 요리를 좋아하십니까?"

"술을 마실 수 있습니까?"

이런 식으로 배려하는 것이 좋습니다. 그러면 상대방은 당신에게 더욱더 호감을 느낄 것입니다.

POINT

런천 테크닉을 활용한다.

13

말주변이 없는 사람일수록 호감을 얻는다?

앞에서 대화를 디자인하기 위한 여러 기술을 설명했습니다.

일부 '나는 말주변이 없고 남들과 이야기하는 게 서툴러서 대화를 잘 디자인할 수 없다'고 생각하는 사람도 있을 것입니다.

하지만 이는 쓸데없는 걱정에 지나지 않습니다. 예전에 워싱턴 포스트가 미국 전역에서 활약하는 톱 세일즈맨 1천 명을 대상으로 실시한 조사에 의하면 '남들과 대화하는 것이 서툴다'고 답한 사람이 70퍼센트를 넘었습니다.

또한 빈털터리 상태에서 시작하여 큰 성공을 거둔 실업가들 중에도 말주변이 없어서 고민하는 사람이 많았다고 합니다.

말주변이 없는 것과 대화를 디자인하는 일은 서로 관계가 없습니다.

　오히려 말주변이 없는 사람일수록 신중하면서도 정확하게 말을 선택하므로 상대방에게 성실한 인상을 줄 수 있습니다.

　또 말주변이 없는 사람은 대화 분위기를 띄우려고 노력하며, 자신이 말을 못하는 만큼 남의 이야기를 주의해서 잘 듣는다는 장점도 있습니다.

　즉 말을 잘하는 사람보다 말주변이 없는 사람이 좋은 인간관계를 형성하기 쉽습니다.

　좋은 인간관계를 쉽게 형성할 수 있으면 그만큼 많은 사람들의 응원과 협력을 얻을 수 있기에 운까지 좋아지는 이점이 있습니다.

POINT

말주변이 없는 사람일수록 좋은 인간관계를
형성하기 쉽다.

SUMMARY
OF
CHAPTER 3

상대방의 의향, 생각, 가치관을 존중하면서 대화의
캐치볼을 하고 안도감과 신뢰감을 주자.

상대방의 관심사를 파악해, 미러링 효과를 활용한
질문을 던져서 대화의 캐치볼을 활발하게 하자.

상대방의 신뢰를 잃지 않도록 아는 척하지 말고
자신이 한 말에는 책임을 지도록 하자.

CHAPTER 4

타인을 기쁘게 하는
대화법

01

햇볕에 항상 신경을 쓰자

이솝 우화 중에 '북풍과 태양'이라는 유명한 이야기가 있습니다.

어느 날 북풍과 태양이 어느 쪽의 힘이 센지 서로 논쟁을 벌였습니다. 때마침 망토를 걸친 남자가 나타나자 북풍과 태양은 남자의 망토를 먼저 벗기는 쪽이 승자가 되기로 정했습니다.

먼저 북풍이 남자의 망토를 날려버리려고 세찬 바람을 불어댔지만 그 남자는 추워서 망토를 더욱 단단히 여밀 뿐이었고, 북풍은 좀처럼 망토를 벗기지 못해 결국 포기하고 말았습니다.

다음은 태양의 차례였습니다. 태양이 우선 봄볕처럼 따스한 햇살을 남자에게 내리비추자 남자의 몸은 서서히 따뜻해졌습니다. 그런 다음 태양이 조금씩 햇볕의 강도를 높였더니 남자는 더워서 결국 망토를 벗었습니다.

이 이야기는 일반적으로 상대방을 대할 때 엄격하게 대하기보다 너그럽게 대해야 한다는 것을 단적으로 보여주는데, 이 책에서 다루는 주제에 입각해서 말하면 다음과 같이 해석할 수도 있습니다.

'태양이 남자의 몸을 따뜻하게 해서 기분 좋게 해줬듯이, 대화할 때 상대방의 마음이 따뜻해지는 말을 사용하면 상대방은 기분이 좋아져서 호의를 보인다.'

이처럼 햇볕과 같은 대화 기술은 우리 삶에서 따뜻한 에너지를 뿜어냅니다.

POINT

마음이 따뜻해지는 말을 사용한다.

02

사람은 자신의 이야기를 들려주고 싶어 한다

상대방을 기쁘게 하고 싶다면 일단 사람은 자신의 이야기를 들려주고 싶어 한다는 점을 염두에 두어야 합니다.

예를 들어 휴일에 디즈니랜드에서 새 놀이기구를 체험하고 왔다고 합시다. 미키 마우스와 기념사진도 찍고, 집으로 돌아오는 길에 이탈리안 레스토랑에 식사를 하러 가 굉장히 맛있는 파스타를 먹는 등 즐거운 체험을 하고 나면 대부분의 사람들은 친구나 직장 동료에게 그 이야기를 하고 싶어집니다.

다시 말해 사람은 누구나 자신의 이야기를 남에게 들려줘서 자신에게 관심을 갖게 하고 싶고, 또 자신이 체험한 일에 공감을 얻고 싶다는 욕구를 갖고 있습니다. 이 욕구가 충족되면 감동을 함께 나눠서 기쁨을 느끼거나 기분이 유쾌해지기를 바랍니다.

또한 그 욕구를 충족시켜준 상대방에게는 안도감을 느낍니다. 안도감을 느끼면 마음을 열고 '이 사람은 믿을 수 있다'고 생각하게 됩니다. 이는 이야기를 들어준 사람에 대한 호감도를 높이기도 합니다.

그러므로 이야기를 듣는 힘, 즉 경청하는 능력을 익히는 것이 중요합니다.

| 사람은 누구에게나 자신의 이야기를 들려주고 싶어 한다 |

왜?

'나에게 관심을 갖게 하고 싶다' '내가 체험한 일에 공감을 얻고 싶다.'

어떻게 할까?

이야기를 들려주고 싶어 하는 상대방의 욕구를 충족시켜주면
상대방은 안도감을 느껴서 마음을 연다.

POINT --

경청하는 능력을 익힌다.

03

상대방의 이야기를 들을 때는 자기 자신을 버린다

대화를 원활하게 진행하려면 경청하는 능력을 익히는 것이 중요합니다. 그런데 상대방의 이야기를 들을 때는 자신을 버려야 하는 점에 주의해야 합니다.

이해하기 쉽게 말하자면 의식의 초점을 자신이 아닌 상대방에게 맞춰야 한다는 뜻입니다.

의식의 초점이 눈앞에 있는 상대방이 아니라 자신에게 있으면 사람은 어떻게든 상대방이 하는 말을 자신의 생각이나 감정위주로 해석해 받아들이는 경향이 있기 때문입니다.

이를테면 디즈니랜드에 가서 새 놀이기구를 체험하고 왔다는 이야기를 들었을 때, 사람에 따라서는 다음과 같이 생각하는 경우가 있습니다.

'몇 시간이나 줄을 서서 놀이기구를 탔다니 정말 어이가 없네. 시간 낭비일 뿐이야.'

'나라면 좀 더 의미 있는 일에 시간을 썼을 텐데…….'

이렇게 자신의 입장으로 바꿔서 생각하면 공감하거나 동의하는 일도 한정됩니다.

하지만 자신을 버리면 눈앞에 있는 상대방을 의식할 수 있습니다. '이 사람은 나에게 어떤 정보를 알려주려고 하는 걸까?' '무슨 이야기를 하고 싶어 하는 걸까?'라고 민감하게 생각하면 상대방의 의도를 알아차리기 쉬워집니다.

그러면 상대방이 체험한 일에 쉽게 공감하거나 동의해서 "나도 언젠가 그 놀이기구를 체험해보고 싶어."라고 자신의 말로 표현할 수 있습니다.

그 결과 상대방도 자신의 이야기를 긍정적으로 받아들였다고 기뻐하고 대화는 한층 더 활기를 띠게 됩니다.

POINT

의식의 초점을 상대방에게 맞추면 상대방의 이야기에 쉽게 공감하거나 동의할 수 있다.

04

즐거운 미래와 과거를 연상시키는 질문이란?

"하와이에 다녀오셨다고 들었습니다."

"헬스클럽에 다니기 시작했다면서요?"

이렇게 물어보면 대부분의 사람들은 그것이 사실이면 '네'라고 대답합니다. 하지만 이렇게 간단히 말해버리면 상대방이 말수가 적다면 여기서 대화가 끊어질 수도 있습니다.

이렇듯 '네' '아니오'라는 대답만 이끌어내는 질문을 '닫힌 질문'이라고 합니다. 그러면 다음과 같은 질문은 어떨까요?

"하와이에 다녀오셨다고 들었습니다. 그곳에서는 어떤 음식을 드셨습니까?"

"헬스클럽에 다니기 시작했다면서요? 평소에 어떤 운동을 주로 하나요?”

　이렇게 물어보면 ‘네’ ‘아니오’로 끝나지 않고 활기 넘치는 대화가 계속 이어집니다. 이를 ‘열린 질문’이라고 합니다. 이 열린 질문을 적극적으로 활용하면 좋습니다.

　열린 질문을 활용할 때는 즐거운 미래를 연상시키거나 즐거운 과거가 떠오르게 하는 질문을 던지는 것이 중요합니다. 그렇게 하면 상대방도 기분이 좋아져서 계속 말하게 되고, 또 그런 계기를 만들어준 사람에게 저절로 호의를 보일 것입니다.

열린 질문	닫힌 질문
“이탈리안 음식을 좋아하신다고 들었습니다. 그중에서 어떤 요리를 가장 좋아하십니까?”	“이탈리안 음식을 좋아하신다고 들었습니다.”
↓	↓
대답의 종류가 다양해서 이야기가 쉽게 전개된다.	‘네’, ‘아니오’로 대화가 끝나서 이야기가 전개되지 않는다.

POINT

열린 질문을 하도록 항상 주의한다.

05

주의를 줄 때는
상대방을 기분 좋게 한다

즐거운 미래를 연상케 하는 질문을 던지면 상대방은 질문한 사람에게 호의를 보입니다. 실제로 이 기술은 다른 상황에서도 활용할 수 있습니다.

손아랫사람에게 주의를 주어야 할 때가 그렇습니다.

예를 들어 부하 직원이나 후배가 어설픈 문장으로 보고서를 작성했다고 합시다.

이때 감정적으로 대응해서 "이렇게 형편없는 문장밖에 못 쓰겠어?"라고 무조건 야단치면 상대방은 어떤 반응을 보일까요?

기분이 나빠져서 반발을 하고 싶어질 것입니다.

그렇게 되면 서로 간에 응어리가 생길 수 있습니다.

그럼 다음과 같이 말하면 어떨까요?

"만일 자네가 문장력을 좀 더 연마하면 어떻게 될까? 보고서뿐만 아니라 프레젠테이션 원고나 기획서의 완성도도 훨씬 좋아질 거야."

이렇게 말하면 상대방은 '문장력을 향상시켰을 때의 미래'를 의식해서 그 미래를 향한 희망과 긍정적인 가능성을 찾아낼 수 있습니다.

또 주의를 주는 사람의 말도 거부감 없이 받아들입니다.

다시 말해 누군가를 혼내거나 주의를 줄 때는 상대방에게 지나칠 정도로 상처를 주거나 마음 상하는 말을 하지 않도록 조심해야 합니다.

오히려 밝고 즐거운 기분을 이끌어내도록 합시다.

상대방의 마음속에 기분 좋은 감정을 심어주면 주의를 주는 사람에 대한 호감도도 훨씬 올라갈 것입니다.

POINT

주의를 줄 때는 밝고 즐거운 기분이 되도록 이끌어준다.

06

상대방을 만난 순간 칭찬할 점을 찾는다

예전에 어느 유명한 세일즈맨이 TV 토크쇼에 출연하여 다음과 같은 말을 했습니다.

"저와 한 번 계약한 고객이 다시 찾아오거나 다른 고객을 소개해주는 경우가 많습니다. 이렇게 고객들이 다시 찾는 사람이 되려면 기본적으로 고객과 만난 순간 칭찬할 점을 찾아야 합니다."

그 세일즈맨은 고객과 만나서 인사를 주고받는 동안 순식간에 그 고객을 자세히 관찰한다고 합니다.

'오늘은 어떤 양복을 입었는가?' '넥타이, 시계, 구두의 브랜드는 무엇인가?' 이런 식으로 찾아낸 '정보'를 다음과 같이 칭찬으로 바꿔서 말합니다.

"정말 멋있어요! 그 양복, 혹시 이탈리아제인가요?"

그러면 상대방은 기분이 좋아져서 쉽게 마음을 엽니다.

그런 분위기 속에서 대화를 순조롭게 이어나가면 고객이 다시 찾는 인기 세일즈맨이 될 수 있다고 합니다.

상대방을 만난 순간 칭찬할 점을 찾아서 직접 말로 표현하는 자세는 매우 참고할 만합니다.

이때 말하는 순서를 바꿔보면 한층 더 좋아질 것입니다.

예를 들어 "오늘 한 넥타이 멋지네요."가 아니라 "멋있어요, 오늘 한 넥타이."라고 해봅시다.

이야기의 처음에 '멋있어요'라고 하면 상대방은 그 말에 의식의 초점을 맞추는데, 그 뒤에 이어지는 넥타이라는 말이 강조되어 칭찬의 효과가 배로 늘어나기 때문입니다.

POINT

칭찬하는 방법을 여러 가지로 연구하고 때로는 말의 순서를 바꿔본다.

07

상대방이 진심으로 좋아하는 점을 칭찬하려면?

음악 잡지의 편집을 맡고 있는 여성이 유명한 영국 록밴드의 기타리스트를 취재했을 때의 이야기입니다. 당시 그녀는 신입인데다 긴장한 탓에 "기타를 잘 치시네요."라고 했는데, 통역사가 그녀의 말을 그대로 전달했더니 그 기타리스트의 기분이 별로 좋아 보이지 않았다고 합니다.

그 기타리스트는 "기타를 잘 치시네요."라는 말을 항상 들어서 그 인사가 식상해서인지 기분이 별로 좋지 않았던 것입니다. 상대방을 기쁘게 하려면 '칭찬받았을 때 진심으로 좋아하는 점'을 찾는 것이 중요합니다.

즉 사람마다 칭찬받고 싶어 하는 내용이 천차만별이라는 점을 염두에 두고 '이 사람은 어떤 점을 칭찬할 때 가장 좋아할까?'를 민감하게 생각해야 합니다.

'이 사람은 지위나 업무를 자랑스러워할 가능성이 높다.'

'이 사람은 일하는 태도나 실적을 평가받고 싶어 한다.'

'이 사람은 자신이 갖고 있는 물건을 자랑하고 싶어 한다.'

'이 사람은 취미를 인정받고 싶어 한다.'

이렇게 상대가 칭찬받으면 진심으로 좋아할 면을 간파해서 직접 말로 표현하면 상대방은 분명히 기쁨으로 가득 찬 표정을 지을 것입니다.

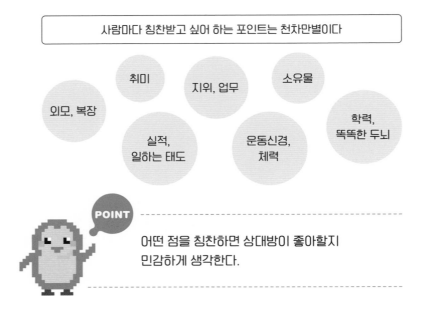

사람마다 칭찬받고 싶어 하는 포인트는 천차만별이다

취미

지위, 업무

소유물

외모, 복장

실적, 일하는 태도

운동신경, 체력

학력, 똑똑한 두뇌

POINT

어떤 점을 칭찬하면 상대방이 좋아할지 민감하게 생각한다.

08

본인 이외의 부분을
칭찬한다

어느 작가는 많은 여성들에게 사랑과 존경을 받았습니다.

이는 그녀의 따뜻한 인간성과 더불어 다른 사람을 칭찬하는
방법이 매우 훌륭하다는 점과도 관계가 있습니다.

이 작가는 다음과 같은 말로 상대방을 칭찬했습니다.

"남편이 미남이시네요."

"아들이 유명한 대학에 다닌다고요? 훌륭하네요."

"고향이 부산이시라고요? 서면 시장의 돼지국밥을 먹어본
적이 있는데, 정말 맛있더라고요."

사람에게는 자신과 관련된 일에 대해 좋은 평가를 받으면 자
랑스러워져서 기분이 좋아지는 심리가 있습니다.

따라서 대화를 나누면서 상대방과 관련된 정보를 파악했을 때 다음과 같이 말을 걸어보면 좋습니다.

"그 회사는 연봉도 높고 복지도 좋다면서요? 그런 회사에 다니신다니 정말 훌륭하세요."

"○○대학교 나오셨어요? 제가 존경하는 분도 그 학교를 졸업했어요."

"아드님이 외국으로 유학을 다녀왔군요? 그럼 영어도 잘하겠네요."

이처럼 본인뿐만 아니라 주변의 일도 함께 칭찬하면 상대방은 기뻐하며 더욱더 만족해합니다.

또한 '이 사람과 대화하면 즐겁다'는 마음으로 가득 차서, 결과적으로 더 많은 호의와 친근감을 보일 것입니다.

POINT

자신과 관련된 일에 대해 좋은 평가를 받으면 자랑스러워져서 기분이 좋아진다.

09

위인이나 유명 인사를 예로 들면서 칭찬한다

청년 실업가인 A씨가 미팅에 참석했을 때의 일입니다. 그 자리에 함께 참석한 여성들은 A씨에게 다음과 같은 칭찬만 연발했습니다.

"직장을 그만둔 지 몇 년 만에 연 매출 30억 원의 회사를 세우다니 대단하세요."

"고급 스포츠카를 몰다니 굉장하네요."

그중 한 여성만 다음과 같이 칭찬했습니다.

"저는 역사에 흥미가 있어서 이런저런 책을 읽었는데, A씨의 꿈이 크고 활력 넘치는 점이 나폴레옹과 닮았네요."

남성은 이 여성에게 호감을 느꼈고, 두 사람의 만남은 그 후

교제로 이어졌습니다. 이처럼 위인이라고 불리는 사람이나 유명 인사를 예로 들어 상대방을 칭찬하는 방법은 사람들을 기분 좋게 해서 호감을 얻기에 굉장히 효과적이라고 할 수 있습니다.

그러나 주의해야 할 점도 있습니다. 평소의 행동 또는 사고방식이 비슷하게 느껴지는 위인이나 유명 인사를 예로 들면 특별히 문제될 점은 없지만, 외모로는 비유하지 않도록 해야 합니다. "당신은 영화배우 ○○와 얼굴이 닮았네요."라는 말은 칭찬하려는 의도였다 해도 상대방이 그 영화배우를 싫어할 경우 오히려 기분을 상하게 하기 때문입니다.

그런 점에 주의를 기울여서 적절한 비유를 사용하여 칭찬할 수 있으면 대화도 더욱 활기를 띠고 인간관계나 연애에서도 성공할 것입니다.

"진중하신 면은 마치 이순신 장군 같네요. 절로 고개가 숙여집니다."

"착실히 노력을 거듭해서 성과를 내는 점은 박지성 선수를 닮았네요."

POINT

위인이나 유명 인사를 예로 들어 상대방을 칭찬할 경우 외모로 비유하지 않는다.

10

상대방의 취미, 기호에 민감해지면 웃음을 줄 수 있다

　일본 에도시대 초기, 임제종의 승려 다쿠안沢庵에 얽힌 일화를 소개하겠습니다.

　어느 날 한 영주가 다쿠안의 절을 방문했습니다. 다쿠안은 "저 감나무를 보십시오. 앞으로 한 달만 지나면 큰 감이 열릴 겁니다."라고 말했습니다.

　이 한마디에 영주의 얼굴에서 웃음이 넘쳐나 대화가 활기를 띠었고, 영주는 웃는 얼굴로 돌아갔습니다.

　다음 날 이번에는 다른 영주가 다쿠안의 절을 방문했습니다. 다쿠안은 "마침 가모노 조메이의 '호조키'를 다 읽은 참입니다."라고 말했습니다.

가모노 조메이鴨長明는 일본 헤이안 시대의 시인이자 수필가로 활동한 인물이며, 호조키方丈記는 바로 그가 쓴 수필로 일본의 고전 문학을 대표하는 3대 수필 중 하나입니다.

다쿠안의 한마디에 그 영주 역시 얼굴에서 웃음이 넘쳐나 대화가 활기를 띠었고, 영주는 웃는 얼굴로 돌아갔습니다. 왜 두 영주는 모두 웃으며 돌아갔을까요? 처음에 방문한 영주는 감을 매우 좋아했고, 다음 날 방문한 영주는 책, 특히 호조키를 굉장히 좋아했기 때문입니다.

사람에게는 저마다 다른 취미와 기호가 있습니다. 이를 이해하고 관심을 보이며 공감해주는 말을 하는 것도 사람들에게 기쁨을 주기 위한 방법입니다.

클래식을 좋아하는 사람이 있으면 "클래식 콘서트는 훌륭하지요?"라고 말해봅시다. 축구 관전이 취미인 사람에게는 "월드컵이 기대되는군요."라고 말해봅시다.

이런 말이 입에서 자연스럽게 나오면 많은 사람들이 친근하게 느끼는 사람이 되는 것은 시간문제입니다.

POINT

취미나 기호를 이해하고 관심을 보이며
공감해준다.

11

억지로라도
유쾌해지는 말을 한다

'플라시보 효과'라는 말이 있습니다.

불면증으로 고민하는 사람에게 사실은 그냥 밀가루인데 수면제라고 속여서 줬더니 그걸 복용하고 잠을 잘 잤다는 이야기가 있습니다.

즉 위약偽藥인데도 증상이 호전된다는 점에서 선입견의 힘이 상태를 변화시키는 것을 플라시보 효과라고 합니다. 이 플라시보 효과는 사람과 사람 간의 대화에서도 작용하는 경우가 있습니다.

예를 들어 입맛이 없는 사람에게 다음과 같이 말하면 어떻게 될까요?

"그러고 보니 최근 들어 확실히 살이 빠졌네. 어디 안 좋은 거 아니야? 악성 질환일 수도 있으니까 병원에 가서 진찰받아봐."

그러면 상대방은 정말로 불안해져서 식욕을 더 잃을 수 있습니다.

그렇다면 다음과 같은 표현은 어떨까요?

"괜찮아, 괜찮아. 나도 가끔씩 그럴 때가 있으니까 신경 쓰지 마. 게다가 안색이 좋아서 전혀 걱정하지 않아도 되겠는데?"

이렇게 말하면 상대방의 기분은 순식간에 밝아지고 상쾌해집니다. 말은 마법과 같습니다. 이 능력을 활용해서 상대방의 기운을 북돋우는 말을 합시다.

"늘 발랄하게 행동하는군요. 보기만 해도 힘이 넘쳐흐르네요."

"요가를 배워서 그런가, 요즘 들어 한결 건강해 보이는데?"

대화를 나누면서 이런 말을 적극적으로 사용하면 상대방은 기분이 좋아져서 당연히 '이 사람과 좀 더 이야기하고 싶다'고 생각할 것입니다.

POINT

플라시보 효과의 힘을 긍정적으로 활용한다.

12

웃음을 만들어낼 수 있는
사람이 된다

    배우이자 가수인 이시하라 유지로는 일본인이 좋아하는 엔터테이너였습니다. 그는 팬은 물론이고 많은 제작진들에게도 사랑과 존경을 받았습니다.

    그 이유 중 하나로 다른 사람을 웃게 하는 기술이 뛰어난 점을 들 수 있습니다.

    일례로 어느 날 그가 잠을 잘못 자는 바람에 목에 통증이 생겨서 고개를 돌리지 못한 적이 있었습니다. 한 제작진이 괜찮으냐고 물었더니 그는 이렇게 대답했다고 합니다.

    "목도 옴쭉 못할 정도로 빚을 많이 져서 그래."

    사실 빚 같은 것은 없었습니다. 별것 아닌 상황을 위트 있게 넘기는 그의 한마디에 주위의 모든 사람들이 박장대소했다고 합니다. 한마디로 이시하라씨는 농담을 잘했습니다.

농담에는 상대방을 기분 좋게 하고 그 자리의 분위기를 밝게 하는 효과가 있습니다.

또 웃은 사람은 자신을 웃게 해준 사람에게 친근감을 느낍니다. 따라서 시간과 장소, 상황에 따라 대화 속에 농담을 적극적으로 활용하면 좋습니다.

하지만 다른 사람의 말꼬리를 잡고 늘어지거나 듣기 거북한 말은 바람직하지 않습니다. 당연히 상대를 비하하거나 희롱하는 듯한 농담도 주의해야 합니다.

또한 친구나 동료에게 통하는 농담이 손윗사람이나 상사에게는 통하지 않는 경우도 있으므로 상대방에 따라 구분해서 사용하도록 신경 쓰는 것도 중요합니다.

즉 상대방에 대한 배려가 담긴 농담을 하면 그 사람의 이미지가 향상됩니다.

POINT

시간과 장소, 상황에 따라 대화 속에 농담을 적극적으로 넣어본다.

13

부정적인 말을 하면
긍정적인 말로 마무리한다

어떤 요리를 먹던 사람이 "맛있어. 그런데 좀 싱겁군."이라고 말했다고 합시다. 그 말을 들으면 대부분의 사람들은 '그 요리를 꼭 먹고 싶다'고 생각하지 않을 것입니다.

어느 장소에 여행을 간 사람이 "경치는 좋아. 하지만 사람이 너무 많아."라고 말했을 때도 마찬가지로 대부분의 사람들은 그곳에 별로 가고 싶어 하지 않을 것입니다.

그럼 "조금 싱거워. 하지만 맛있네."라고 말해보면 어떨까요?

그 말을 들으면 앞에서와는 반대로 '그럼 나도 먹어볼까?' 하는 생각이 강해집니다.

여행을 다녀온 사람이 "사람이 너무 많았어. 그래도 경치는 좋았어."라고 말한 경우 역시 '그럼 나도 가볼까?' 하는 생각이 강해집니다.

다시 말해 '하지만'이라는 단어를 사용하면 그 앞에 한 말을 심리적으로 부정하는 경향이 있다는 뜻입니다.

즉 긍정적인 말을 하더라도 '하지만'이라고 한 후에 부정적인 말을 하면 마음에는 긍정적인 말보다 부정적인 말의 여운이 많이 남아 영향을 줍니다.

그래서 대화를 나누면서 부정적인 말을 해야 할 경우에는 그 말을 한 후에 긍정적인 말로 매듭지으면 좋습니다.

그렇게 하면 긍정적인 에너지로 바뀌어서 상대방의 마음에 깊이 새겨집니다. 그러면 상대방도 불쾌한 감정을 느끼지 않고 오히려 즐거운 기분을 느낄 수 있습니다.

POINT

'하지만'이라는 단어 앞에 한 말은 심리적으로 부정하는 경향이 있다.

14

'고마워'를
연발하면 좋다

연말이나 명절이 다가오면 많은 사람들이 선물을 주고받습니다. 평소 신세를 진 사람에게 감사하는 마음을 담아 선물하는 것입니다. 선물이 꼭 비쌀 필요는 없습니다. 소박하지만 주는 사람의 마음이 담긴 선물은 받는 사람의 마음을 따뜻하게 해줍니다.

일단 선물을 받으면 선물을 준 상대방에게 호의와 친근감을 보이고, 그 덕분에 두 사람의 사이가 더욱 친밀해집니다.

사실 연말이나 명절에 선물을 보내지 않더라도 평상시에 남을 기쁘게 하는 말이 있습니다.

그 말은 바로 '고마워'입니다. '고마워'라는 말에는 감사의 뜻

외에도 '당신은 가치가 있는 사람입니다' '당신은 내게 필요한 사람입니다'라는 메시지가 담겨 있습니다. 따라서 상대방의 존재감을 높이는 효과가 있습니다.

그렇다면 상대방과 대화할 때 '고마워'라는 말을 많이 하도록 합시다.

"바쁘신 중에도 오늘 이렇게 만나주셔서 감사합니다."

"즐거운 대화였어. 정말 고마워."

이렇게 말하면 상대방은 기쁨을 선물로 받았다고 느껴져서 자신을 기쁘게 해준 사람에게 반드시 호감을 보일 것입니다.

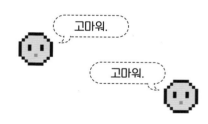

POINT

'고마워'는 상대방의 존재감을 높여준다.

사람은 누구나 자신의 이야기를 들려주고 싶어 한다.
자신을 버리고 상대방을 의식해서 이야기를 듣자.

‘만난 순간 칭찬할 점을 찾는다’ ‘상대방에 따라
칭찬하는 말을 달리한다’ ‘본인 이외의 부분을
칭찬한다’는 점을 이해하자.

플라시보 효과를 기대할 수 있는 긍정적인 말이나
‘고마워’라는 말을 항상 사용하자.

CHAPTER 5

자신을 드러내지 않고
대화를 나눈다

01

사람은 누구나 우위에 서고 싶어 한다

　스모 전문잡지를 발행하던 어느 출판사가 세키토리関取(스모 대회에서 앞 순위로 우리나라 씨름의 장사급에 해당)를 목표로 하는 스모 선수 백 명에게 다음과 같은 질문을 한 적이 있습니다.

　"훈련이 끝난 후 방에서 스모 선수의 최고 계급인 요코즈나横綱의 등장 의식을 흉내 낸 적이 있습니까?"

　그러자 전원이 '있다'고 대답했습니다.

　다음에는 "요코즈나가 되고 싶습니까?"라고 물어봤더니 '불가능하다고 생각하지만, 그래도 되고 싶다'라고 대답한 사람이 80퍼센트에 가까웠습니다.

　그 이유는 다음과 같았습니다.

'주위 사람들에게 존경받을 수 있다.'

'많은 사람들 앞에서 뽐낼 수 있다.'

'인기 있는 사람이 될 수 있다.'

이런 욕구는 스모 선수뿐만 아니라 인간인 이상 누구에게나 있다고 해도 과언이 아닙니다.

사람은 누구나 우위에 서고 싶어 합니다. 남보다 더 뛰어나기를 바랍니다. 주위 사람들에게 존경받고, 남 앞에서 뽐내고 싶다고 은근히 생각합니다.

인간관계학의 대가인 데일 카네기Dale Carnegie는 이 욕구를 자기 중요감이라고 불렀습니다. 상대로부터 호감을 얻는 사람에게는 상대방의 이러한 욕구를 충족시키는 능력이 뛰어나다는 특징이 있습니다.

이렇듯 호감을 얻으려면 '자신을 드러내지 않고 대화를 나누는 것'이 중요합니다.

POINT

호감을 얻는 사람은
자기 중요감을 높이는 능력이 뛰어나다.

02

상대방의 장점이나 특기를
이끌어낸다

동료와 노래방에 갔는데, 그 동료는 팝송을 매우 좋아해서 특히 비틀즈의 노래를 잘 부릅니다. 그와 노래하면 덩달아 기분이 좋아집니다.

그런데 "오늘은 네가 잘 부르는 비틀즈의 예스터데이가 듣고 싶으니까 꼭 불러줘."라고 요청하면 동료는 어떻게 느낄까요?

'내 노래가 아주 나쁘지만은 않구나. 그럼 마음먹고 어디 한번 불러볼까?'

내 요청에 그 동료는 자신만만해하거나 기분 좋게 느낄 것입니다.

말하자면 자신을 드러내지 않고 대화를 나누려면 상대방이 가장 자신 있어 하는 것에 민감하게 반응해서 그것을 이끌어내는 말을 하는 것이 중요하다는 뜻입니다.

그러기 위해서는 말을 잘하는 사람에게 "파티 자리에서 연설을 부탁해도 될까요?"라고 말해보면 좋습니다.

영어를 잘하는 사람과 해외여행을 갈 때는 "여행을 주도해주세요."라고 말해보는 것도 좋습니다.

그렇게 하면 상대방은 자기 중요감이 계속 높아지고 자존심도 충족되어 우월감을 느낄 수 있습니다.

그 계기를 만들어준 사람에게 호의를 보이지 않는 사람은 없습니다.

POINT

상대방이 가장 자신 있어 하는 일을 부탁하면
상대방의 자기 중요감이 계속 높아진다.

03

좋은 의미로
자신을 낮춘다

대화를 나누는 상대의 자기 중요감을 높여주려면 때로는 좋은 의미에서 자신의 열등감을 드러내는 것도 중요합니다. 예를 들어 대화를 나누다가 상대방이 "연말에 괌에 다녀왔습니다."라고 말했다고 합시다.

이때 일반적인 대화라면 "괌에는 저도 가본 적이 있습니다. 좋은 곳이죠?"라고 말합니다.

그런데 호감을 주는 사람은 다릅니다. "괌에는 저도 가본 적이 있습니다."라고 한 후 이어서 이렇게 말합니다.

"저는 영어를 통 못해서 함께 간 친구가 경악했습니다."

서로 테니스 교실에 다니는 사실을 알았을 때도 다음과 같이 말할 수 있습니다.

"저는 운동 신경이 없어서 테니스 실력이 좀처럼 늘질 않아요. 그에 비하면 ○○씨는 운동 신경이 좋아 보이네요."

일반적으로 사람은 상대방보다 우위에 서려고 하며, 자신의 멋진 모습을 보여주고 싶어 합니다.

하지만 호감을 주는 사람은 자신보다 상대방을 우위에 서게 하고 이를 말로 표현하려고 합니다.

자신이 남보다 못한 점을 말하는 데도 아무런 망설임도 없습니다.

그 차이를 깨닫고 상대방을 높이도록 늘 신경 쓰면 상대방과의 거리가 확실히 가까워집니다.

POINT

호감을 주는 사람은 자신보다 상대방을 우위에 서게 하고 이를 말로 표현한다.

04

손아래의 상대에게도 존중하는 자세로 대한다

어느 회사에 매출이 부진한 부서가 있었습니다. 온갖 고생을 다 겪은 영업부장이 진두지휘하는데도 영업 성적이 전혀 오르지 않았습니다. 결국 그 부장은 해임되었고, 새로운 부장이 부임하자마자 영업 성적이 부쩍 올랐습니다.

그 이유는 부하 직원을 대하는 말투와 큰 관계가 있었습니다.

전임 부장은 "영업 성적을 올리려면 이렇게 해야 해. 알겠나?"라는 식으로 말했습니다. 그에 비해 새로 부임한 부장은 "영업 성적을 올리려면 이렇게 하면 좋은데, 자네는 어떻게 생각하나?"라고 말했습니다.

즉 전임 부장은 '거만한 자세'로, 후임 부장은 '우러러보는 자세'로 부하 직원들을 대했습니다. 높은 입장에 있는 사람은 손 아랫사람에게 이따금 거만한 자세로 말하는 경향이 있습니다. 그러나 지나치게 거만한 자세로 대하면 강요하는 것처럼 느껴져서 사람에 따라서는 거부감을 나타낼 수 있습니다.

반대로 우러러보는 자세로 말하면 부드러운 느낌을 줘서 거부감을 느끼는 일도 없고, 오히려 상대방이 하는 말을 이해합니다.

따라서 상하관계를 불문하고 대화를 나눌 때는 우러러보는 자세를 취하도록 항상 명심합시다.

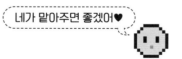

POINT

'알겠나?'라고 하기보다 '어떻게 생각하나?'라고 한다.

05

상대방의 이야기를 가로막으면
대화가 끝난다

  굉장한 미인인데도 애인이 생기지 않는 여성이 있었습니다. 이 여성은 소개팅을 여러 번 가졌는데도 좀처럼 좋은 인연을 만나지 못했는데, 그 이유는 대화를 나눌 때 상대방의 이야기를 가로막는 행동과 적잖은 관계가 있었습니다.

  상대방 남성이 "이번에 전주에서 서울 본사로 돌아왔습니다."라고 하자 그녀가 말을 중간에 가로막고 다음과 같이 말을 장황하게 늘어놓았습니다.

  "전주는 좋은 곳이죠. 한옥 마을도 있고 전동성당도 유명하잖아요. 비빔밥은 얼마나 맛있는데요. 저도 몇 번 여행을 간 적이 있어서…."

그러나 남성이 말한 의도는 달랐습니다.

'서울 본사에 돌아왔으니 승진할 기회가 더 생길 것 같다. 그동안 못 누린 문화생활도 하고 가족과 함께 있을 수 있어서 참 좋다'는 이야기를 하고 싶었던 것입니다.

그런데 상대가 전주 여행에 대해서만 관심을 보이니 의욕이 저하되어 대화를 이어가고 싶은 마음이 사라지고 말았습니다.

이런 잘못을 방지하려면 상대방이 말할 때는 중간에 가로막지 말고 끝까지 주의해서 듣는 것이 중요합니다.

다시 말해 상대가 꺼낸 화제를 자기 마음대로 바꾸지 않도록 해야 합니다.

상대방이 하고 싶은 말을 정확히 파악하도록 노력해야 합니다. 그러는 동안에는 자신의 생각을 입 밖에 내지 않도록 하세요. 하고 싶은 말이 있으면 상대가 시작한 이야기가 끝난 후에 하면 됩니다.

이 규칙을 지키기만 해도 호감을 주는 빈도가 많이 늘어날 것입니다.

POINT

상대방이 말할 때는 끝까지 듣고
상대방이 하고 싶은 말을 정확히 파악한다.

06

알고 있어도
모르는 척해야 한다

한 여직원이 퇴근길에 상사, 선배와 함께 저녁을 먹으러 갔을 때입니다. 식사를 하던 상사가 자신 있는 얼굴로 다음과 같은 이야기를 시작했습니다.

"이 요리는 500칼로리고, 이 요리는 600칼로리나 돼."

그러자 여성은 "그래요? 몰랐어요. 부장님 덕분에 한 가지 배웠네요."라고 하며 고개를 끄덕였습니다. 상사와 헤어진 뒤 선배가 "영양사 자격증을 갖고 있는 것으로 아는데, 아니야? 칼로리에 관해서는 부장님보다 훨씬 잘 알 텐데?"라고 하자, 그녀는 "하지만 제가 그 말을 하면 부장님의 입장이 난처해지잖아요."라고 대답했습니다.

이 이야기에는 자신을 드러내지 않고 대화를 나누기 위한 비결이 숨어 있습니다.

만일 그녀가 "저는 영양사 자격증을 갖고 있어서 그 정도는 알고 있어요." "정확하게는 이렇습니다."라는 식으로 말했다면 부장은 틀림없이 기분이 상했을 것입니다. 따라서 상대방보다 더 잘 알고 있어도 모르는 척하는 편이 좋을 때도 있습니다.

상대방에게 망신을 주거나 열등감을 갖게 하지 않도록 합시다. 특히 상대방이 손윗사람이라면 더욱 주의해야 합니다. 터득한 지식은 과시하기 위한 수단이 아니라는 점을 명심합시다.

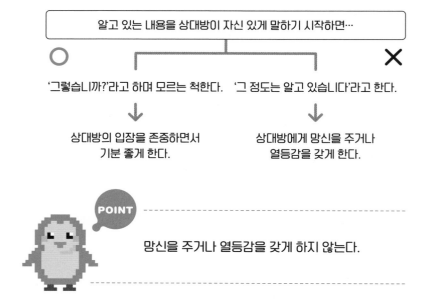

알고 있는 내용을 상대방이 자신 있게 말하기 시작하면…

O '그렇습니까?'라고 하며 모르는 척한다.   '그 정도는 알고 있습니다'라고 한다. X

상대방의 입장을 존중하면서   상대방에게 망신을 주거나
기분 좋게 한다.   열등감을 갖게 한다.

POINT

망신을 주거나 열등감을 갖게 하지 않는다.

07

상대방의 잘못은
필요 이상으로 지적하지 않는다

'과유불급'過猶不及이라는 말이 있습니다.

어떤 일이든지 정도가 지나치면 좋지 않다는 뜻입니다.

이 격언의 의미를 잘못 해석해서 "이 말은 과거에 일어난 일은 너무 캐내지 않는 것이 좋다는 뜻이야."라고 말한 사람이 있다고 합시다.

그때 대부분의 사람들은 "틀렸어요. 정확하게는 어떤 일이든지 정도가 지나치면 좋지 않다는 뜻입니다."라고 하며 상대방의 잘못을 지적할 것입니다.

물론 이 지적은 어떤 의미에서는 옳은 행동이지만, 만일 상대방이 손윗사람이었다면 어떨까요? 더구나 많은 사람들 앞에서 그런 말을 들으면 그 사람은 어떤 기분이 들까요? 자기 중요감을 잃고 자존심을 상할 것이 뻔합니다.

그런 점에서 볼 때 많은 사람들에게 호감을 얻는 사람은 남보다 더 많이 주의를 기울입니다.

이런 경우 "그랬던가요?"라고 잘 모르는 척합니다.

더구나 그 자리에 많은 사람들이 있을 때는 "틀렸어요."라며 지적하는 말투를 절대로 쓰지 않습니다. '다른 사람 앞에서 망신을 당하는 일만큼 괴로운 일은 없다'는 사실을 잘 알고 있기 때문입니다.

따라서 상대방의 잘못을 지적할 때는 상황을 살피면서 시간과 장소, 상황에 따라 자신의 의견을 내세우는 편이 좋습니다.

특히 상대방의 자기 중요감과 관련된 부분은 최대한 너그럽게 봐주는 것이 중요합니다.

그렇게 할 수 있으면 적대시하는 사람이 사라질 것입니다.

POINT

상대방이 틀렸더라도 자기 중요감과 관련이 있는 부분은 되도록 너그럽게 봐준다.

08

자신의 체험담은
신중하게 말한다

어느 회사에 A씨와 B씨가 있었습니다.

여름휴가 때 A씨는 하와이에 다녀오고, B씨는 동해안의 해수욕장에 다녀왔습니다.

이 두 사람에게 선배인 C씨가 "여름휴가는 어떻게 보냈어?"라고 물었습니다.

A씨는 하와이에 가서 즐거웠던 일을 오랫동안 쉬지 않고 이야기했습니다.

그에 비해 B씨는 "선배는 어떻게 보내셨어요?"라고 물어보고 그 내용을 들은 후에 다음과 같이 대답했습니다.

"집안이 어질러져 있어서 청소하느라 바빴어요."

그 후 선배인 C씨는 A씨에게는 엄하게 대하고 B씨에게는 친절하게 대했습니다.

사실 C씨는 여름휴가 기간에 오빠 부부를 대신해서 병세가 진행된 어머니를 돌보느라 정신없이 보냈습니다.

A씨는 그런 C씨의 상황을 확인하기 전에 하와이에 다녀온 일을 말했습니다.

그에 비해 B씨는 C씨의 상황을 확인한 후 신경을 건드리지 않게 대답했습니다.

힘든 상태에 있는 사람은 다른 사람의 즐거운 체험을 시기하는 경우가 있습니다. 자신은 그럴 의도가 없었더라도 자랑처럼 들릴 때가 있기 때문입니다.

따라서 자신의 체험담은 상대방의 상황에 맞춰서 신중하게 말해야 합니다.

POINT

힘든 상태에 있는 사람은 다른 사람의 즐거운 체험을 시기하는 경우가 있음을 염두에 둔다.

09

사고방식이 달라도
우선 상대방의 생각을 받아들인다

이 장에서는 자신을 드러내지 않고 대화를 나누는 기술에 관해 설명했습니다. 그러나 때로는 자신을 드러내야 하는 경우도 있습니다. 도저히 동의할 수 없거나 반대 의견을 말해야 할 때가 특히 그렇습니다.

이럴 때는 갑자기 반론하지 말고 일단 상대방의 의견을 받아들인 후에 자신의 생각을 말하면 좋습니다. 즉 먼저 상대방의 의견을 긍정한 후 자신의 생각을 넌지시 부드럽게 말합니다.

예를 들어 친구가 "오늘은 중국요리를 먹지 않을래?"라며 물어봤다고 합시다.

하지만 전날 저녁에 기름진 음식을 먹은 탓에 산뜻한 음식이 먹고 싶다면 어떻게 할까요?

이때 "어제 기름진 음식을 먹어서 중국요리는 싫어."라고 하면 상대방과의 대화가 끊길 수 있습니다.

그럼 다음과 같이 대답하면 어떨까요?

"중국요리 좋지. 나도 좋아해. 그런데 미안해서 어쩌지? 어제 저녁에 기름진 음식을 먹어서 될 수 있으면 오늘은 산뜻한 음식을 먹고 싶어."

이렇게 말하면 상대방의 의견을 긍정하고 인정한 뒤에 자신의 의견을 덧붙인 형태이므로 상대방도 불쾌감을 느끼지 않습니다. 오히려 '산뜻한 음식을 먹고 싶다'는 자신의 요구가 쉽게 통할 수 있습니다.

이렇듯 상대방의 생각을 받아들인 후에 자신의 의견을 말하면 서로의 기분이 좋아져서 대화도 더욱 활기를 띱니다.

POINT

반대 의견을 말할 때는 상대방의 생각을 받아들인 후에 자신의 의견을 말한다.

10

설교 같은 이야기는
하지 않는다

우울해하는 사람에게 하면 안 되는 말이 있습니다.

그것은 바로 "힘내."라는 말입니다. 우울해하는 사람은 힘내야 한다는 것을 본인이 가장 잘 알고 있습니다.

하지만 그렇게 행동하지 못해서 마음이 갈등을 일으킵니다.

그런데도 남들이 "힘내."라고 하면 본인은 어떻게 해야 좋을지 몰라서 마음이 더욱더 혼란해집니다.

그 결과 우울한 상태가 더 심각해지는 것입니다.

우울해하는 사람뿐만 아니라 그 밖에도 남에게 하면 안 되는 말이 있습니다.

이를테면 담배를 좀처럼 끊지 못하는 사람이 있다고 합시다.

그런 사람을 향해서 "담배는 백해무익합니다. 폐암에 걸릴 위험이 높아지고 심근경색을 일으킬 우려도 있어요. 별로 달갑지 않으니까 저와 만날 때는 담배를 절대로 피우지 마세요."라고 거만한 자세로 말하면 어떻게 될까요?

상대방의 기분은 좋지 않습니다.

담배가 몸에 나쁜 것은 본인이 가장 잘 알고 있으니까요.

또 남에게 폐를 끼친다는 사실도 알고 있습니다.

그래서 지나친 잔소리를 듣고 싶지 않다고 느끼고, 몇 번씩 말하면 굉장히 불쾌해합니다.

따라서 설교처럼 보이는 말은 어지간히 친한 사이가 아닌 이상 말하지 않는 편이 좋습니다.

POINT

설교처럼 보이는 말은 하지 않는다.

11

대화의 주도권을
상대방에게 넘겨준다

A씨라는 사람이 박학다식해서 고사성어에도 정통하다고 합시다.

그런 A씨에게 B씨가 "온고지신溫故知新이라는 사자성어는 어떤 뜻인가요?"라고 물었습니다.

그때 A씨가 "《논어》에 나오는 말인데, 옛것을 배워 새롭게 앎을 얻는다는 말입니다. 즉 지나간 과거로부터 미래를 준비하는 깨달음을 얻는다는 뜻입니다."라고 알려주자 B씨가 고마워했다면 A씨는 어떤 기분이 들까요?

아마 기쁜 마음이 들 것입니다. 그 이유는 무엇일까요?

사람에게는 남에게 뭔가를 알려줌으로써 우월감을 느끼고

싶어 하는 자기 중요감의 욕구가 있어서 상대방이 고마움을 표하면 그 욕구가 충족되기 때문입니다.

다시 말해 사람은 타인이 자신에게 의지하기를 바랍니다.

또 남들이 필요로 하는 사람이 되고 싶다고 강력하게 원합니다.

그럼 뭔가를 배우거나 상담을 의뢰하는 자세로 상대방을 대해보면 어떨까요?

사람이 뭔가를 배울 때는 두세 걸음 뒤로 물러나며 반대로 상대방은 두세 걸음 앞으로 나옵니다.

자신이 두세 걸음 뒤로 물러나고 상대방이 두세 걸음 앞으로 나오면 대화의 주도권은 저절로 상대방이 잡게 됩니다.

이렇듯 사전 준비를 다 끝내면 사람들에게 호감을 얻는 대화의 달인이라고 할 수 있습니다.

POINT

사람은 타인이 자신에게 의지하기를 은근히 바란다. 남들이 필요로 하는 사람이 되기를 강력하게 원한다.

상대방이 잘하는 일을 부탁하거나 우러러보는 자세로
이야기하거나, 때로는 자신을 비하해서 상대방의 자기
중요감을 높이자.

상대방보다 우위에 서려고 하거나 상대방의 잘못을
지적해서 상대방의 자기 중요감을 저하시키지 않도록
하자.

상대방과 의견이 엇갈려도 그 즉시 부정하지 말고
상대방의 의견을 받아들인 후에 자신의 의견을 말하자.

CHAPTER 6

남을 위해 애쓰는 자세를
말로 표현한다

01

이타적인 마음을 깨달으면
세상이 달라진다

어느 레스토랑은 늘 단골손님으로 붐빕니다.

특히 송년회 시즌에는 손님이 쇄도하여 예약을 하지 않으면 갈 수 없는 맛집입니다. 그 이유는 무엇일까요? 그곳에는 어떤 비밀이 숨어 있었습니다.

바로 그 식당의 오너 셰프가 매우 친절해서 손님이 맛있다고 한 요리의 조리법을 자상하게 알려줬던 것입니다.

"고기를 부드럽게 하려면 밑간을 하는 단계에서 이렇게 하면 됩니다."

"오므라이스를 만들 때 기름의 온도는 이 정도가 적당합니다."

때로는 인쇄한 레시피(요리의 조리법)까지 고객에게 나누어 주는 일도 있습니다.

사람은 누군가가 친절하게 대해주거나 도움을 주면 어떻게든 그 보답을 하고 싶어지는 경우가 있습니다. 이 심리 작용을 '호의의 반보성反報性'이라고 합니다.

이 레스토랑은 그 법칙을 따르고 있었습니다.

또 이 법칙은 상대방에게 호감을 얻고 싶어 할 때에도 활용할 수 있습니다.

즉 자아와 혼자만의 욕심을 버리고 '이타적인 마음'을 자각해야 합니다. '이타적인 마음'이란 다른 사람의 행복을 바라는 자세를 가리킵니다.

요컨대 남을 위해 애쓰거나 도움을 주는 일을 가장 먼저 생각하고 이를 말과 태도로 표현하도록 하는 것입니다.

이 행위를 자연스럽게 할 수 있는 사람은 많은 사람들에게 더욱더 호감을 얻을 수 있습니다.

POINT

남을 위해 애쓰거나 도움을 주는 일을 가장 먼저 생각하고 이를 말로 표현한다.

02

덕을 쌓는다

이타적인 마음을 자각했을 때의 장점은 또 있습니다.

첫째는 덕을 쌓는 행동으로 이어져 운이 좋아집니다.

이것은 제 지론이지만 이 우주에는 일반적인 의미의 은행 외에 '우주 은행'이 존재합니다. 그리고 남을 위해 애쓰거나 도움을 주면 그 행위가 덕이 되어 우주 은행에 적립되고, 만기가 되면 예치된 덕의 양보다 더 많은 은혜가 행운 현상이 되어 되돌아오게 됩니다.

즉 남을 위해 공헌하고 봉사하면 운이 좋아져서 응원하고 원조하며 협력해주는 사람이 많이 나타납니다. 그리고 그 사람들의 도움으로 소원이 쉽게 이루어지는 이점이 있습니다.

둘째는 남을 위해 애쓰거나 도움을 주면 다른 사람들이 고마워합니다.

다른 사람들이 고마워하면 자신의 자기 중요감도 저절로 높아지며 날마다 생기가 넘치고 즐거워집니다. 사고방식이나 행동, 말투도 전부 밝아져서 누구에게나 호의적으로 대할 수 있습니다.

다시 말해 자신의 마음이 긍정적으로 바뀔 뿐만 아니라 점점 더 많은 사람들의 호감을 얻게 됩니다.

덕의 잔고를 쌓아서 운을 좋게 하자.

POINT

이타적인 마음으로 가득 찬 말을 사용하면 운이 좋아진다.

03

플러스알파의 말을 덧붙인다

　세이코의 창립자 핫토리 긴타로에 얽힌 이야기를 소개하겠습니다.

　긴타로는 젊었을 때 시계방에서 수습공으로 일한 적이 있었습니다.

　잔업을 해야 할 때 그곳의 주인은 늘 유부 초밥을 먹었는데, 어느 날 주인이 긴타로에게 유부 초밥을 사다 달라고 부탁했더니 그는 다음과 같이 대답했습니다.

　"유부 초밥을 사러 가는 김에 소주도 사 올까요?"

　그러자 주인은 미소를 띠면서 그에게 이렇게 말했습니다.

　"너는 참 눈치가 빠른 녀석이야."

사실 긴타로는 주인이 잔업을 할 때 유부 초밥을 먹으면서 일에 지장을 주지 않는 범위에서 소량의 소주를 마신다는 것을 알고 있었습니다.

이 이야기를 통해 하고 싶은 말은 다른 사람에게 부탁을 받았을 때 플러스알파의 말을 덧붙이면 이타적인 마음으로 가득 찬 대화로 이어진다는 것입니다.

그러기 위해서는 '하는 김에'라는 말을 사용하면 좋습니다.

예를 들어 상사가 커피를 부탁했을 때 이 커피를 회의 때 마실 거라는 사실을 알고 있다면 "커피를 사오는 김에 회의실 책상 위에 올려놓을까요?"라고 해봅시다.

또 친구가 맛있는 음식점을 알려달라고 부탁하면 "알려주는 김에 할인 쿠폰도 인쇄해줄까?"라고 말하는 것도 좋습니다.

이처럼 부탁을 받을 때마다 '하는 김에'라는 말을 사용하면 눈치가 빠르다는 평가를 받아서 사람들의 호감도가 확실히 높아질 것입니다.

POINT

'하는 김에'라는 말을 효과적으로 사용한다.

04

상대방을 위해 쓴 힘은
언젠가 돌아온다

다음은 마이크로소프트의 창업자 빌 게이츠에 얽힌 일화입니다.

어느 날 빌 게이츠가 비행기의 퍼스트 클래스에 탔다가 승무원들의 이런 대화를 들었습니다.

"이코노미 클래스에 탄 승객의 컨디션이 나빠 보여. 괜찮을까?"

"이코노미 클래스 증후군일 수도 있어."

이때 빌 게이츠는 승무원에게 다음과 같이 말했습니다.

"제가 자리를 바꿔 드리죠. 제가 이코노미 클래스로 옮길 테니 그 승객을 제 자리에 앉게 하세요."

그의 이런 조치로 그 승객은 큰 문제를 일으키지 않았는데, 이 이야기에서 매우 본받아야 할 점이 있습니다.

상대방의 입장에서 생각하고 말로 표현하는 것 또한 이타적인 마음으로 이어진다는 점입니다. 그러기 위해서는 상황에 따라 다음과 같이 말하는 것이 중요합니다.

"감기에 걸려서 괴로워 보이네. 내가 대신 은행에 다녀올까?"

"이사 작업이 힘들면 내가 도와주러 갈까?"

상대방의 사정을 생각하고 상대방을 위해 힘이 되어 도와주려고 하는 마음은 반드시 전해집니다. 또 이런 말은 상대방의 마음속에서 감격과 기쁨으로 바뀝니다.

그러면 상대방은 도와준 사람에게 호감을 느껴서 다음에 그 사람이 힘들 때 발 벗고 나서며 힘껏 도와줘야겠다고 생각할 것입니다.

POINT

상대방을 배려하는 말은 상대방의 마음속에서 감격과 기쁨으로 바뀐다.

05

보시의 정신을
말에 내포한다

불교 용어에 '보시'布施라는 말이 있습니다. 보시라는 말에서 장례식이나 법회 등에서 스님에게 주는 사례를 연상할 수 있는데 진짜 의미는 다릅니다.

다른 사람에게 은혜를 베푸는 것, 즉 사회복지적인 활동을 하는 것을 의미합니다.

좀 더 구체적으로 말하면 보시에는 '물시'物施, '지시'知施, '법시'法施의 세 종류가 있습니다.

돈이나 물건을 남에게 베푸는 것을 '물시'라고 하는데, 불교에서는 이 물시보다 남에게 지혜나 지식을 전수해주는 '지시'와 불교를 이용해서 어려움을 겪는 사람을 도와주는 '법시'가 훨씬 더 중요하다고 설명합니다. 그럼 일단 '지시'에 주목해서 다른 사람에게 지혜나 지식을 전수해주는 말을 하면 어떨까요?

구체적으로 말하면 다음과 같은 말을 건네봅니다.

"요즘 제가 케이크 만들기에 빠졌어요. 맛있는 케이크를 만드는 방법을 배웠는데 알려드릴까요?"

"블로그를 만드는 방법이라면 언제든지 알려 드릴게요."

"캐나다에 간다면 ○○에 있는 ○○라는 여행대리점을 이용해. 여행 상품을 양심적으로 판매하더라."

이때 친절하고 정중하며 상대가 알기 쉽게 알려주는 것이 중요합니다.

잘못하더라도 "그런 것도 몰라?"라고 말하지 않도록 합시다.

그렇게 하면 상대방은 감격해서 이 사례를 어떻게든 보답하려는 마음에 더 많은 호의를 보입니다.

결국 지식을 제공해준 사람을 더 좋아할 수밖에 없습니다.

POINT

다른 사람에게 지혜나 지식을 전수해주는 말을 한다.

06

이야기를 진지하게 들어주기만 해도 된다

보시에는 '물시' '지시' '법시'의 세 종류가 있는데, 일단 '지시'에 주목해서 남에게 지혜나 지식을 전수해주는 말을 하면 좋다고 설명했습니다.

다음은 '법시'에 주목하여 어려움을 겪는 사람이나 고민거리가 있는 사람이 있으면 그 사람들의 마음을 편하게 해주는 말을 해야 합니다. 원래는 불교의 가르침을 설명하는 것이지만, 일반인은 사람들의 고민거리에 응대한다는 의미로 생각해도 무방합니다.

예를 들어 뭔가를 고민하는 사람이 있으면 "이야기를 들어줄 테니까 털어 놓아봐."라고 말해봅시다.

직접 조언해주지 못하더라도 이야기를 진지하게 들어주기만 해도 상대방의 괴로움이 반으로 줄어듭니다.

이야기를 진지하게 들어주는 것은 '당신의 괴로움을 잘 이해할 수 있습니다. 나도 당신과 똑같은 입장에서 생각합니다.'라고 하는 일종의 동의와 공감을 표하는 행동이기 때문입니다.

또한 '이런 책을 읽으면 조금은 참고가 될 수도 있다'는 말로 도움이 되는 책을 추천해주는 방법도 좋습니다.

거동이 불편한 어르신을 보살피느라 고생하는 사람이 있을 경우 "이런 책이 있어서 사 왔어요. 당신에게 드릴게요. 참고가 될 듯해서요."라고 하며 선물해주면 최고입니다. 지인 중에 요양보호사가 있으면 소개해주는 것도 좋습니다.

마지막으로 "앞으로도 곤란한 일이나 고민거리가 생기면 언제든지 들어줄 테니까 편하게 이야기 해."라는 말로 이야기를 매듭짓는 것도 잊지 마세요.

POINT

어려움을 겪는 사람이나 고민거리가 있는 사람의 마음을 편하게 해 주는 말을 한다.

07

'먼저 하세요'라는 말을
입버릇으로 한다

어느 마을에 모든 사람들로부터 매우 존경받는 장로가 있었습니다.

한 사람이 "장로님처럼 많은 사람들에게 존경받고 사랑받으려면 어떻게 해야 합니까?"라고 묻자 그 장로는 다음과 같이 대답했습니다.

"그러기 위해서는 '귤'처럼 살면 됩니다. 매년 봄이 되면 봄철의 과일이 잔뜩 열립니다. 여름이 되면 여름철의 과일이, 또 가을이 되면 가을철의 과일이 잔뜩 열리지요. 그리고 늦가을을 맞이하면 마침내 귤이 열립니다. 귤은 '먼저 하세요'라는 자세로 다른 과일들이 다 열린 후에 열리므로 많은 사람들에게 호감을 얻습니다."

즉 장로는 귤이 열리는 시기를 예로 들어 자기중심적인 마음을 버리고 상대방을 먼저 생각하는 '양보의 마음'을 중요하게 여기면 많은 사람들에게 호감을 얻을 수 있다는 말을 하려고 한 것입니다.

다른 사람에게 차례를 양보할 수 있는 사람은 독점욕이 없습니다. 또 마음에 여유가 있어서 사랑과 선의가 넘칩니다.

그런 분위기가 "먼저 하세요."라는 말과 함께 형성되면 주위 사람들이 그 사람을 존경할 것입니다.

양보하는 마음을 중요하게 생각한다.

08

행복을
다시 남에게 베푼다

홀인원 보험이라는 상품이 있습니다. 홀인원이란 골프를 치는 사람이 처음 한 타만으로 공을 컵에 넣는 것을 말합니다. 그 확률이 2만 분의 1이라고 할 정도로 매우 드문 일이라서 당연히 축하해야 할 일이지만 홀인원을 한 후가 문제입니다.

홀인원을 한 사람은 직접 파티를 주최하거나 함께 골프를 치는 친구들에게 기념품을 선물하는 등 많은 돈을 낭비하게 되기 때문입니다.

이때의 금전적인 부담을 없애기 위한 보험을 홀인원 보험이라고 합니다.

그러나 홀인원을 해서 많은 돈을 낭비하는 행동에는 그 나름대로 의미가 있습니다. '홀인원을 해서 운을 다 써버린 후에는 불운한 일만 일어날 수 있으니 다른 사람들에게도 자신의 운을 나누어 주어서 불운을 회피하자'는 생각입니다.

이는 '분복分福 정신'에 가깝다고 해도 좋습니다.

분복이란 좋은 일이 생기면 남들에게도 그 복을 나누어 준다는 뜻입니다.

또 이 '분복 정신'은 대화를 나눌 때도 응용할 수 있습니다.

예를 들어 "대구에 있는 본가에서 사과를 보내줬어요. 사과를 좋아하는지 잘 모르겠지만 괜찮다면 한번 드셔보세요."라는 말이 그렇습니다.

요컨대 독점적인 발상에서 벗어나 기쁨을 공유하는 것입니다.

자신의 행복은 타인의 행복이라고 생각해서 행복의 일부를 다른 사람들에게 나누어 줍시다. 그런 생각이 말로 드러났을 때 '느낌이 좋은 사람'이라는 인상을 주어서 누구에게나 호감을 얻을 수 있습니다.

POINT

독점적인 발상에서 벗어나 기쁨을 공유한다.

09

남들이 귀찮아하는
일을 한다

　미국의 실업가이자 자동차 왕이라고 불린 헨리 포드에 얽힌 이야기입니다.

　포드는 경영이 궤도에 오르면서 비서를 고용하기로 하고, 세 여성에게 3개월 동안 시험 삼아 일하게 해서 적임자를 비서로 기용하려고 생각했습니다.

　그 결과 한 여성만 정식 비서로 고용되었습니다. 다른 두 여성이 그녀보다 학력도 높고 지식도 풍부했지만 포드는 그런 것을 전혀 개의치 않았습니다. 그 이유는 "이건 제가…"라는 말과 관계가 있었습니다.

　요컨대 채용된 여성은 남들이 하기 싫어하는 귀찮은 잡무라도 "이건 제가 하겠습니다."라고 하며 앞장서서 처리했습니다. 그 모습에 포드는 호감을 느꼈습니다.

실제로 상대방에게 호감을 얻는 사람은 귀찮은 일이라도 자신이 직접 앞장서서 행동합니다. 사무실 청소를 마다 않고 회식 장소 예약도 적극적으로 맡습니다. 춥거나 무더운 날에 상사가 "심부름 좀 다녀오겠나?"라고 하면 "제가 다녀오겠습니다."라고 망설이지 않고 나서서 대답합니다.

그러면서도 "내가 고생해서 한 일이야."라고 생색내지 않고 가만히 있습니다.

즉 그런 사람은 주위 사람들로부터 주목을 받는 동시에 우주은행에 덕을 쌓아 운도 상승하게 됩니다.

POINT

"이 일은 제가 하겠습니다."라고 기꺼이 나서서 한다.

10

'내가 하고 싶어서 한다'는 마음을 잊지 말자

만성 요통으로 고민하는 남성이 있었습니다.

잘 알고 지내던 여성이 보다 못해 실력 있는 침구사를 소개해 주었습니다.

그랬더니 요통이 거짓말처럼 싹 가라앉았습니다.

그 남성이 즉시 여성에게 고마움을 표하자 그녀는 다음과 같이 말했습니다.

"그곳은 몇 개월 후까지 예약이 꽉 차 있는데, 내가 빨리 치료해달라고 몇 번이나 머리 숙여 부탁했으니까 나한테 조금은 고마워해도 돼요."

이때 남성은 어떤 기분이 들까요?

고마운 반면 미안한 마음으로 가득 찰 것입니다.

심지어 그 여성이 만날 때마다 똑같은 말을 하면 어떨까요?

지긋지긋해지고 부담감을 느껴서 그녀를 멀리할 것입니다.

말하자면 남을 위해 애쓰거나 도움을 줬다고 해서 생색내는 말로 상대방에게 부담을 주면 그 사람은 거부 반응을 보인다는 뜻입니다.

거부당하지 않으려면 상대방에게 절대로 보답을 바라지 않도록 하는 것이 중요합니다.

다시 말해 '내가 하고 싶어서 한다'는 마음으로 상대를 대해야 합니다.

그렇게 하면 그 생각이 말과 행동으로 나타나서, 상대방에게 이타적인 마음으로 가득 찬 애정을 표시하며 선의가 넘치는 말만 하게 되어 누구에게나 사랑받는 존재가 될 것입니다.

POINT

남을 위해 애쓰거나 도움을 주더라도
보답은 절대로 바라지 않는다.

SUMMARY
OF
CHAPTER 6

남을 위해 애쓰거나 도움을 주는 일을 가장 먼저
생각하여 말과 행동을 하도록 늘 신경 써서 덕을 쌓자.

'물시' '지시' '법시'라는 보시의 정신을 항상 명심하자.

'하는 김에' '먼저 하세요' '제가 하겠습니다'라는 말을
사용하자.

CHAPTER 7

대화를 통해서
기브 앤드 테이크의 관계를
형성한다

01

땅과 식물의 관계야말로 이상적인 인간관계상

부처(석가모니)에 얽힌 일화를 소개하겠습니다.

어느 날 한 제자가 부처에게 "대인관계를 돈독히 하는 데 가장 중요한 점은 무엇입니까?"라고 묻자, 부처는 다음과 같이 대답했습니다.

"숲을 생각해보게나. 매년 가을이 되면 숲에는 많은 초목의 낙엽이 쌓이지. 그 낙엽은 흙의 영양분이 되고, 또 흙은 그 영양분을 흡수해서 영양이 풍부한 땅을 만들 수 있다네. 그 땅 덕분에 초목이 자라지. 이처럼 나무와 땅은 어느 한쪽만 의존하는 관계가 아니야. 서로가 서로를 돕고 지탱하고 있지. 대인관계도 이와 마찬가지라네."

즉 부처는 대인관계를 돈독히 하려면 서로 돕는 '기브 앤드 테이크의 관계'를 형성하는 것이 중요하다는 말을 하고 싶었던 것입니다.

그런데 남들이 꺼려하는 사람을 살펴보면 주고받는 데 서툰 사람이 많습니다. 도움받을 생각만 하는 의존심 강한 사람이나 도움을 받으려고 하지 않는 자립심 강한 사람이 많은 듯합니다.

다른 사람들과 좋은 관계를 유지하려면 대화를 통해 기브 앤드 테이크의 관계를 형성해야 합니다.

POINT

서로 돕는 기브 앤드 테이크의 관계를 형성한다.

02

지나치게 강한 의존심이
자신을 망가뜨린다

먼저 도움받을 생각만 하는 의존심이 강한 사람부터 살펴보겠습니다.

그런 사람은 마음속으로 늘 다음과 같은 생각만 계속합니다.

'나는 동료 ○○ 씨의 도움 없이는 일을 처리할 수 없어.'

'나는 지금 사귀고 있는 애인의 뒷받침 없이는 살아갈 수 없어.'

하지만 늘 이런 생각만 계속하면 한편으로 다음과 같은 불안감이 생겨납니다.

'동료에게 미움을 받고 싶지 않아. 만일 미움을 받으면 어떡하지?'

'애인에게 버림받고 싶지 않아. 만일 버림받으면 어떡하지?'

그 결과 동료나 애인의 안색만 살피고, 미움을 받지 않으려고 뭐든지 상대방이 시키는 대로 합니다. 이런 생각은 대화에도 나타납니다.

'사실은 피곤해서 빨리 집에 가고 싶다'고 생각해도 동료가 '밥 먹으러 가자'고 부르면 쉽게 거절하지 못합니다.

또 사실은 하와이에 가고 싶어도 연인이 "타이완에 가고 싶어."라고 하면 "그래." 하고 상대방에게 맞춥니다.

상대방에게 맞추는 일은 중요합니다. 그러나 그 상태가 지속되면 어떻게 될까요? 자신의 욕구를 충족시키지 못해서 욕구불만이 커지고 어딘가에서 부정적인 감정이 폭발하거나 마음이 완전히 꺾일 수 있습니다.

이런 생각이 대화에도 나타나 상대방에게 미움을 받으면 본전도 못 찾습니다. 그러지 않기 위해서라도 뭔가 찔리는 점이 있는 사람은 재빨리 극단적인 의존심을 버리는 것이 중요합니다.

POINT

의존심이 강하면 자신의 욕구를 충족시키지 못해서 부정적인 감정이 폭발하거나 마음이 쉽게 다친다.

03

지나치게 강한 자립심에 마음이 닫힌다

　이번에는 자립심이 강해서 다른 사람의 도움을 받으려고 하지 않는 사람을 살펴보겠습니다.

　이런 사람은 마음속으로 늘 다음과 같은 생각만 계속합니다.

　'나는 다른 사람의 도움을 빌리지 않아도 살아갈 수 있어.'

　'남을 의지하니까 상처를 입는 거야. 그래서 나는 어느 누구에게도 의지하지 않고 살아갈 거야.'

　이런 사람은 타인의 호의를 스스럼없이 받아들이거나 의지하는 경우가 없습니다.

　일에서 문제가 생겨도 주위 사람에게 도움을 청하려고 하지 않고 혼자 힘으로 해결하려고 생각하며 모든 일을 떠맡습니다.

의존심을 버리고 자립하는 것은 살아가는 데 매우 중요한 자세입니다.

하지만 그런 생각이 지나치면 욕구 불만이 커져서 부정적인 감정이 폭발하거나 마음이 닫힐 수 있습니다.

또 자립심이 강한 사람은 자신의 생각이나 업무 방식에 너무 집착한 나머지 다른 사람들의 의견에 귀를 기울이려고 하지 않고 모든 일을 독단적으로 진행하는 경우도 있습니다.

이것이 지나치면 대화를 나눌 때 말로 드러납니다.

그러면 상대방이 '협조성이 없는 사람' '일방적으로 행동하는 사람'이라고 평가해서 인간관계에도 지장을 줄 수 있습니다.

결국 호감을 얻지 못할 뿐만 아니라 최악의 경우 고립된다는 단점이 있습니다.

POINT

자립심이 강한 사람은 '협조성이 없는 사람'이라는 평가를 받기 쉽다.

04

평소에 나누는 대화를 통해 '상호 의존 관계'를 형성한다

　최근 심리학에서 가장 중요하게 여기는 '상호 의존 관계'는 한마디로 서로가 각각 자립된 한편, 필요에 따라 의존할 수 있는 관계를 말합니다.

　즉 서로가 대등하게 무리하지 않는 범위에서 '지원하고 지원받기' '주고받기' '도와주고 도움받기' '치유해주고 치유를 받기' '존중하고 존중받기' 등의 이상적인 기브 앤드 테이크의 관계를 형성하는 것입니다.

　실제로 상대방에게 호감을 얻는 사람은 타인과 '상호 의존 관계'를 잘 형성하는 면이 있습니다. 어느 한쪽이 곤란할 때는 다른 한쪽이 도와주는 입장이 되고, 또 어느 한쪽이 잘 못하는 일이 있으면 다른 한쪽이 도와줍니다.

　또한 기쁨이나 감동 등과 같이 함께 나눌 수 있는 것을 공유합니다. 이것이 직장 동료 사이라면 훌륭한 성과를 올릴 수 있고, 부부 사이라면 원만하고 웃음이 끊이지 않는 가정을 만들 수 있습니다.

　이렇듯 상호 의존 관계를 형성하려면 평소에 나누는 대화부터 바꿔나가야 합니다.

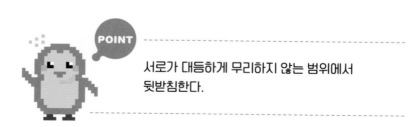

상호 의존 관계란?

지원하고
지원받기

주고받기

도와주고
도움받기

치유해주고
치유를 받기

존중하고
존중받기

↓

이상적인 기브 앤드 테이크의 관계

POINT

서로가 대등하게 무리하지 않는 범위에서
뒷받침한다.

05

다른 사람의 도움을 받으려는 생각을 버린다

앞에서 설명했듯이 의존심이 강한 사람은 늘 다음과 같이 생각합니다.

'나는 동료 ○○ 씨의 도움 없이는 일을 처리할 수 없어.'

'나는 지금 사귀고 있는 애인의 뒷받침 없이는 살아갈 수 없어.'

이는 관점을 달리하면 상대방의 도움만 받으려고 생각한다고 할 수 있습니다.

이런 자세에서 벗어나려면 이와 정반대인 '뭔가를 주는 자세'로 상대방을 대하는 것이 중요합니다.

내가 무엇을 할 수 있을까 걱정할 필요 없습니다. 조금만 생각하면 그다지 어렵지 않습니다.

'이렇게 해주면 좋아하지 않을까?'

'이렇게 해주면 도움이 되지 않을까?'

이런 생각을 말로 표현하기만 하면 됩니다.

예를 들어 다음과 같이 동료에게는 "선배님, 요즘 피곤해 보이시는데 거래처에는 제가 다녀올까요?"라고 하고, 친구에게는 "매일 야근하느라 제대로 못 챙겨 먹지? 내가 도시락을 쌌는데 가져다줄게."라고 해봅시다.

또 보시의 정신을 명심해서 지식이나 지혜를 제공하는 말을 건네보는 것도 좋습니다.

그렇게 하면 상대방에게 주는 기쁨을 체감할 수 있고, '조금은 다른 사람의 도움이 되었다'는 마음으로 벅차서 자신감을 가질 수 있습니다.

POINT

'뭔가를 주는 자세'로 상대방을 대한다.

06

겸손해야 마음을 열고 대화할 수 있다

자립심이 강한 사람은 늘 다음과 같이 생각합니다.

'나는 다른 사람의 도움을 빌리지 않아도 살아갈 수 있어.'

'남을 의지하니까 상처를 입는 거야. 그래서 나는 어느 누구에게도 의지하지 않고 살아갈 거야.'

이런 사람이 주위 사람들과 좋은 인간관계를 형성하고 호감을 주는 존재가 되려면, 곤란할 때는 남에게 도움을 청하고 구조 신호를 보낼 줄도 알아야 합니다. 알기 쉬운 예를 들어보겠습니다.

이를테면 오늘 안으로 내일 있을 회의에 제출할 기획서를 정리해야 하는데 시간이 없을 경우, 후배에게 다음과 같이 부탁해봅시다.

"내가 너를 믿으니까 부탁하는데, 오자나 탈자가 없는지 확인 좀 해주지 않겠어?"

그러면 상대방은 '자신에게 의지한다' '자신을 필요로 한다'고 생각해서 자기 중요감이 향상됩니다. 즉 다른 사람에게 도움을 청하는 행동이 자신에게 호감을 갖게 하는 계기를 만들어 줍니다.

또한 "나는 요리를 못해서…" "영어가 서툴러서…" 등과 같이 약점을 드러내는 것도 좋습니다.

그렇게 하면 뽐내거나 자신을 돋보이려고 하지 않아도 됩니다. 자신을 과시하려고 하는 마음이 사라져서 저절로 겸손하게 상대방과 대화할 수 있습니다.

그러면 상대방도 마음을 열고 똑같은 태도를 취합니다.

이 또한 상호 의존 관계를 형성하는 데 매우 중요합니다.

POINT

자신을 과시하려고 하지 않으면 저절로 겸손하게 상대방과 대화할 수 있다.

07

서로의 장점은 인정하고
단점은 보완해준다

중앙아프리카에 예로부터 전해져 오는 민화를 소개하겠습니다.

어느 곳에 독수리에게 붙잡혀온 작은 새 한 마리가 괴롭힘을 당하고 있었습니다.

그때 그곳을 지나가던 사자 한 마리가 독수리를 쫓아냈습니다.

작은 새는 사자에게 "고맙습니다."라고 인사했습니다.

며칠 후 작은 새는 냇가에 앉아 있는 사자를 보고 무척 반가워했습니다. 하지만 사자는 벌레라도 씹은 듯이 오만상을 찌푸리고 있었습니다.

작은 새가 그 이유를 물어보니 사자는 "이빨 사이에 낀 음식물 찌꺼기 탓에 기분이 나빠서 그래."라고 대답했습니다.

그 말을 듣고 작은 새는 부리로 쿡쿡 쪼아서 사자의 이빨 사이에 낀 음식물 찌꺼기를 없애주었습니다.

이 일을 계기로 해서 작은 새와 사자는 매우 친해졌습니다.

이 이야기를 통해 전하고 싶은 내용은 서로의 장점을 인정해서 살리고 서로의 단점을 인정해서 도우면 가장 좋은 관계를 형성할 수 있다는 것입니다.

계산이 서투른 사람이 있으면 "도와줄게. 그 대신 너는 글을 잘 쓰니까 다음에 기획서를 작성할 때 첨삭해줘."라고 해보면 좋습니다.

사람은 자신의 결점을 인정해주면 그 대신에 상대방의 결점을 보완하려고 생각하는 면이 있습니다.

이 역시 상호 의존 관계를 형성하는 데 중요한 포인트입니다.

POINT

사람은 자신의 결점을 인정해주면 그 대신에
상대방의 결점을 보완하려고 생각한다.

08

공통된 꿈과 목표에서
힘이 생긴다

교세라의 명예 회장 이나모리 가즈오는 누구를 만나더라도 "저와 함께 공통된 꿈과 목표를 갖지 않겠습니까?"라고 합니다. 그가 JAL의 재건에 나섰을 때도 마찬가지였습니다.

그는 처음에 사원들을 불러 모아서 "저와 함께 회사 재건을 공통된 꿈과 목표로 삼지 않겠습니까?"라고 했다고 합니다.

공통된 꿈과 목표를 갖는 것은 서로가 마음의 주파수를 맞추고 '상호 의존 관계'를 형성하는 데 중요한 조건입니다.

상사와 부하 직원 사이에 공통된 꿈과 목표가 없으면 상사는 일방적으로 지시를 내리는 것만으로 끝납니다. 부하 직원은 일을 할 때 상사가 억지로 시켰다는 느낌을 지울 수 없습니다. 시켜서 억지로 하는 일이니 즐겁기는커녕 일의 성과도 변변치 않습니다.

이래서는 전체의 사기도 떨어집니다.

하지만 공통된 꿈과 목표가 있으면 서로 마주칠 때마다 꿈과 목표를 열심히 교류하기 때문에 마음이 긍정적으로 바뀝니다.

꿈과 목표를 실현하려면 어떻게 해야 하는지 서로 지혜를 짜내서 생각합니다.

어려운 일이 생겼을 때는 서로 지탱하고 도와주면 이를 극복할 수 있습니다.

그런 식으로 꿈과 목표를 실현하면 최고의 기쁨과 감동을 함께 나눌 수 있고, 서로가 서로의 능력 또는 존재를 칭찬해서 상대방에게 더욱더 끌리게 됩니다.

POINT

서로가 서로의 능력과 존재를 칭찬하면
서로 좋아하게 된다.

09

'상호 의존 관계'를
늘 점검한다

이 장에서는 대화를 통해 상호 의존 관계를 형성하기 위해 필요한 요소에 관해 설명했습니다.

그러나 교제 기간이 길어질수록 상대방의 흠이 보이는 경우가 있는가 하면 반대로 더욱 친해지는 경우도 있습니다. 그 결과 어느샌가 상호 의존 관계를 소홀히 하는 일도 있을 수 있습니다.

그래서 한 달에 한 번씩은 다음의 내용을 자문자답해보면 좋습니다.

최근에 나는 그 사람을 돕는 말을 건넸는가?

최근에 나는 그 사람을 존경했는가?

최근에 나는 그 사람에게 의존하기만 하지 않았는가?

최근에 나는 그 사람의 호의나 친절을 짓밟는 행동을 하지 않았는가?

최근에 나는 그 사람과 기쁨이나 감동을 함께 나눌 수 있는 일을 공유했는가?

이와 같이 생각해보면 반성해야 할 점이 명확해집니다.

'지원하고 지원받기' '주고받기' '도와주고 도움받기' '치유해주고 치유를 받기' '존중하고 존중받기' 등의 이상적인 기브 앤 드 테이크의 관계를 형성하는 데 어떤 대화가 바람직한지 알 수 있습니다.

이런 식으로 상호 의존 관계를 끊임없이 재확인하도록 늘 신경 쓰면 두 사람의 신뢰 관계는 더욱 돈독해질 것입니다.

POINT

한 달에 한 번씩 자문자답해서 반성할 점을 찾고 개선한다.

SUMMARY
OF
CHAPTER 7

'다른 사람의 도움을 받겠다'는 강한 의존심을 버리자.

겸손한 마음으로 남에게 도움을 청하고 약점을
드러내서 지나치게 강한 자립심을 버리자.

지원하고 지원받기, 주고받기, 도와주고 도움받기,
치유해주고 치유를 받기, 존중하고 존중받는 '상호 의존
관계'를 형성하자.

CHAPTER 8

스스로를 발전시킨다

01

평소에 나누는 대화를
확인한다

이 책의 주제는 어떤 상황에서도 당황하지 않고 야무지게 말하는 대화법입니다. 이는 어느 누구와도 좋은 관계를 형성하고 상대로부터 호감을 얻는 대화의 규칙입니다.

하지만 일에 쫓겨서 바쁜 나날을 보내다 보면 지금까지 설명한 내용을 실천하지 못할 수 있습니다.

그럴 때는 자신을 다시 한 번 확인해보면 좋습니다. 다음과 같이 평소의 대화를 확인해보는 것입니다.

최근에 나는 누군가에게 난폭한 말을 사용했는가?

최근에 대화를 나누다가 상대방의 이야기를 가로막지 않았는가?

최근에 상대방의 의견을 일방적으로 부정하지 않았는가?

하루를 끝마칠 때 자신의 말과 행동을 돌이켜보면 '그러고 보니 그때…'라고 기억이 되살아날 것입니다.

만일 잘못된 행동을 한 기억이 있으면 똑같은 잘못을 반복하지 않도록 합시다.

우리는 이따금 주관적이 되기 십상입니다.

사람들과의 대화도 예외가 아니라서 무심결에 주관적으로 말할 때가 있습니다. 그러면 자신도 모르는 사이에 상대방을 화나게 하거나 상처를 줍니다.

이를 최대한 미연에 방지하기 위해서라도 자신의 말과 행동을 다시 한 번 확인해서 못마땅한 점을 개선하는 자세가 매우 중요합니다.

POINT

자신의 말과 행동을 다시 한 번 확인해서
못마땅한 점을 개선한다.

02

'바쁘다'는 말은
되도록 하지 않는다

    대대로 내려온 전통 있는 어느 여관의 여주인이 며느리에게 여주인의 자리를 물려줄 때 이렇게 말했다고 합니다.

    "너는 젊은 여주인으로서 지금까지 정말 애썼구나. 이를 기회로 삼아 나는 이만 물러나고 네게 여주인의 자리를 물려주려고 해. 그런데 너에게 딱 한마디 충고해두고 싶은 말이 있단다. 앞으로 여주인이 되면 지금보다 더 많이 바빠질 텐데, 아무리 바빠도 '바쁘다'는 말만은 하지 말도록 하렴. 그 말을 하면 사람들이 떠나갈 거야."

    여주인의 말은 어느 누구와도 좋은 관계를 형성하고 호감을 얻는 대화를 나누도록 노력하는 데 매우 참고가 된다고 할 수 있습니다.

우리는 때때로 '바쁘다'는 말을 연발하기 쉽습니다.

하지만 누구나 경험했겠지만 듣는 사람의 입장이라면 이 말은 절대로 기분 좋게 들리지 않습니다.

'바쁘다'는 말은 '나는 대단하다'는 의사표시이기도 해서 한가한 사람이 들으면 불쾌한 감정이 들 것입니다. 또 자신도 바쁘다고 생각하지만 말로 표현하지 않는 사람이 들으면 '나도 마찬가지인데 유난하네'라고 느낄 수 있습니다.

또한 이 말을 많이 사용하면 '저 사람은 늘 바빠 보이니까…'라는 생각에 말을 걸지 않게 되어 점점 사람들과 거리가 생깁니다.

실제로는 바쁜 사람일수록 시간을 잘 만들어내고 대인관계도 중요하게 생각합니다. 또 이런 사람은 '바쁘다'는 말을 하지 않습니다.

POINT

이야기를 듣는 입장일 때 기분 좋지 않은 말에 주의를 기울인다.

03

'하지만' '그렇지만'이라는 말은 하지 않는다

사람의 입버릇에는 세 가지 유형이 있다고 합니다.

첫 번째는 나와 남이 다 알고 있는 입버릇이고, 두 번째는 나는 알고 있는데 남은 모르는 입버릇입니다. 마지막으로 세 번째는 나는 모르는데 남은 알고 있는 입버릇입니다.

그중에서도 세 번째의 '나는 모르는데 남은 알고 있는 입버릇'에 주의를 기울여야 합니다.

본인에게 나쁜 의도가 없었을지 몰라도 듣는 사람에게는 좋지 않은 인상을 주는 경우가 있기 때문입니다.

'하지만' '그렇지만'이라는 말은 좋지 않은 인상을 주는 입버릇 중 하나입니다.

사람은 누구나 자신이 체험한 일이나 생각을 타인에게 알려 주고 싶어 하는 면이 있어서 그 행동으로 타인들에게 공감을 얻기를 바랍니다.

누군가에게 자신의 체험을 알려주고 싶을 때 상대방이 '하지만'이나 '그렇지만'이라는 말로 반박하면 어떨까요? 자신이 체험한 일이나 생각을 부정당한 기분이 들 것입니다.

사람에 따라서는 계속 이야기할 마음이 없어집니다.

입을 다물고 있거나 화제를 바꿔야 해서 서로 간에 거리가 생길 수 있습니다.

좋은 인간관계를 유지하고 싶은 상대방과 대화할 때는 '하지만'이나 '그렇지만'이라는 부정적인 말을 최대한 사용하지 않도록 항상 주의합시다.

POINT

'나는 모르는데 남은 알고 있는 입버릇'에 주의를 기울인다.

04

인간관계와 관련된 명언을 읽어본다

어느 항공회사에서 퍼스트 클래스 승객을 담당하는 승무원이 겪은 이야기를 소개하겠습니다.

그 승무원은 어느 날 비행기가 착륙해서 승객이 다 내린 후, 좌석에 분실물이 없는지 확인하다가 책 한 권을 발견했습니다.

잘 살펴보니 그 책은 인간관계에 관한 명언집으로 곳곳에 포스트잇이 붙어 있었습니다.

그 책을 본 승무원은 이렇게 생각했다고 합니다.

'역시 퍼스트 클래스에 탑승하는 승객은 성공한 사람들의 명언집을 읽으면서 자기 계발에 힘쓰는구나.'

퍼스트 클래스의 승객처럼 사람들에게 호감을 얻고 좋은 인간관계를 형성하려면 그와 관련된 명언을 읽어보는 것도 좋습니다.

명언을 읽다 보면 대인관계에서 자신이 소홀했던 점을 생각해낼 수 있습니다. 대인관계를 다시 한 번 확인하는 것도 중요하지만 반성하는 것도 중요합니다. 자신이 놓쳤던 부분을 일깨울 수 있다면 대인관계를 더욱 올바른 방향으로 이끌어나갈 수 있을 것입니다.

때로는 깜짝 놀랄 만한 새로운 발견도 있을 것입니다. 다시 말해 '자기 연마'에 큰 도움을 준다는 뜻입니다. 좋은 것은 배워서 실천하는 자세야말로 우리가 지향해야 할 삶의 태도입니다.

POINT

명언은 '자기 연마'에 도움이 된다.

05

인간관계는
거울과 같다

명언은 '자기 연마'에 도움이 됩니다. 그중에서도 성공 철학의 일인자라고 불린 종교가 조셉 머피Joseph Murphy의 다음 말을 꼭 참고하기 바랍니다.

"인간관계는 거울과 같다."

"상대방이 당신을 대하는 태도는 당신이 상대방을 대하는 태도 그 자체라고 생각해라."

즉 개개인의 마음은 그 깊은 곳에서 다른 사람들의 마음과 이어져 있어서 상대방에게 느끼는 감정이 좋든지 나쁘든지 부메랑처럼 되돌아오는 구조로 이루어져 있습니다. 머피는 상대방에게 부정적인 마음을 보내면 상대방도 부정적인 마음을 보내지만, 반대로 긍정적인 마음을 보내면 상대방 역시 긍정적인 마음을 보낸다고 말합니다.

머피의 이 말을 대화할 때 활용해보면 어떨까요?

기분이 좋아지는 말, 배려가 넘치는 말을 상대방에게 건네봅시다.

물론 자신이 그런 말을 했다고 해서 상대방의 말과 행동이 그 즉시 바뀌는 것은 아닙니다.

하지만 자신이 항상 말과 행동을 의식해서 상대방과 대화하면 언젠가 상대방도 반드시 똑같이 행동합니다.

이렇듯 자신이 달라지면 상대방도 달라집니다.

POINT

자신이 달라지면 상대방도 달라진다.

06

많은 사람들로부터 호감을 얻는 사람과 어울린다

중국에 "정가네 하인은 시를 읊는다."는 격언이 있습니다.

정가鄭家란 고대 중국의 유학자이자 시인으로도 유명한 정현鄭玄의 집안을 말합니다. 그곳의 고용인(하인)은 어느 샌가 정현의 시를 외워 평소에 대화를 할 때도 그 말이 자연스레 나올 정도였습니다.

그런 점에서 이 격언은 '훌륭한 사람의 곁에 있으면 좋은 지식이 몸에 배어 인생에도 활용할 수 있다'는 뜻을 나타냅니다.

현대를 살아가는 사람들도 마찬가지입니다.

이미 많은 사람들로부터 호감을 얻는 사람의 곁에 있으면서 그 사람에게 호감을 얻기 위한 비결을 배우는 것도 좋습니다.

상대방과 처음 만났을 때 어떤 어조로 무슨 대화를 나눌까?

대화를 디자인하는 과정에서 상대방과 어떤 이야기를 주고받을까?

어떤 화제로 대화 분위기를 살릴까?

이타적인 마음이 넘치는 말은 언제 말할까?

언제나 어떻게 하면 좋은 대화를 이어갈 수 있는지 살펴야 합니다. 상대방이 말하는 법도 잘 관찰해봐야 합니다. 그리고 '좋다'고 느끼면 그 노하우를 흡수한 뒤 의식적으로 흉내 내봅시다.

처음에는 망설여지는 경우도 있겠지만 계속 하다 보면 습관이 됩니다.

그러면 어느 순간 자신 또한 상대방에게 호감을 얻는 사람으로 바뀌었다는 사실을 실감할 것입니다.

POINT

많은 사람들로부터 호감을 얻는 사람에게 비결을 배워서 의식적으로 흉내 내 본다.

07
최소한의 상식과 매너를 익힌다

학교에서 배운 내용인데도 다음과 같이 오답을 태연하게 말하는 사람들이 있습니다.

"미합중국의 초대 대통령은 콜럼버스다." (정답은 워싱턴)

"《태백산맥》의 저자는 이문열이다." (정답은 조정래)

만일 상식이 있는 사람과 대화를 나눌 때 이런 말이 튀어나오면 상대방은 어떻게 생각할까요? 기막혀하고 분위기도 싸늘해질 것입니다.

결국 대화가 끊길 뿐만 아니라 무시당할 수도 있습니다.

그런 상황을 방지하기 위해서라도 최소한의 교양은 익히도록 합시다.

여러 분야의 책을 읽는 것 외에도 신문이나 잡지를 훑어보며 최근에 일어난 일이나 세계정세를 파악하는 것도 좋은 방법입니다. TV를 보더라도 교양 프로그램을 선별해서 보는 것이 좋습니다. 방송 프로그램 중에는 좋은 교양 정보를 담은 프로그램도 많으니까요.

또 언제 어느 때나 매너를 잊어서는 안 됩니다. 매너가 없으면 대화에도 금이 갑니다.

상대방과 약속해서 만날 때는 늦지 않는다, 맛있는 음식을 대접받았을 때는 그 자리에서 고마움을 표한다, 이런 것은 최소한의 상식입니다.

사람이 기본적으로 가져야 할 상식이 있는지 없는지 항상 눈을 번뜩이며 감시하는 사람이 있다는 사실을 잊지 마세요.

POINT

상식이 있는지 없는지 눈을 번뜩이며
감시하는 사람도 있다.

08

누구에게나 호감을 얻으려고 하지 않아야 한다

전 세계 사람들에게 사랑받고 친숙한 록 그룹이라고 하면 비틀즈를 들 수 있습니다. 비틀즈의 노래는 록 외에 슬로 발라드도 있습니다. 명곡이 많아서 대부분의 사람들은 한 번쯤 들은 적이 있을 정도입니다.

하지만 이 세상에는 비틀즈의 음악을 좋아하지 않는 사람도 있는 것이 사실입니다.

이번에는 영화 쪽으로 관심을 돌려 보겠습니다.

오드리 헵번이 주연한 〈로마의 휴일〉을 모르는 사람이 없을 것입니다. 이 영화 때문에 로마를 사랑하게 되었다는 사람도 있고 두 주인공이 만난 스페인 광장은 꼭 가보고 싶은 명소가 되었습니다.

하지만 세상에는 이 멋진 영화를 재미없다고 생각하는 사람도 있습니다.

인간관계도 마찬가지입니다.

어떻게든 호감을 얻으려고 노력해도 주위의 모든 사람에게 호감을 얻을 수는 없습니다. 아무리 해도 성격이 잘 맞지 않는 사람이 있기 마련이니까요.

따라서 '모든 사람에게 호감을 얻겠다'고 욕심부려서는 안 됩니다.

비틀즈나 오드리 헵번의 영화를 모두가 좋아하는 것은 아니니 자신도 억지로 모든 사람에게 호감을 얻지 않아도 된다는 마음으로 행동해야 합니다.

자신의 마음을 편한 방향으로 이끌어가려면 당당한 마음도 중요합니다.

POINT

모든 사람에게 호감을 얻을 수는 없다.

09

꿈은 행운을 부른다

　오래전 한 신문사에서 설문 조사를 한 적이 있습니다. 사람의 어떤 점에 매력을 느끼냐고 사람들에게 물었습니다. 사람들은 경제적 능력에서 외모, 취향 등 정말 다양한 점을 매력으로 꼽았습니다. 그중에서 조금 특이했던 것은 꽤 많은 이가 자신만의 꿈과 목표를 가지고 매진하는 사람을 매력적으로 받아들인다는 점이었습니다.

　우리는 꿈을 향해 나아가는 사람에게 왜 매력을 느끼는 것일까요?

　꿈과 희망을 품고 살아가면 언제나 큰 의욕이 생깁니다. 매일 즐겁고, 긍정적 사고로 생각하며 적극적으로 행동합니다.

생기가 넘쳐 흐를 수밖에 없죠. 사람의 감정과 느낌은 생각보다 쉽게 타인에게 전염됩니다. 그러니 이런 사람을 만나면 '이 사람과 대화를 나누니 나도 힘이 난다.'라는 생각을 자연스럽게 하는 겁니다. 흔히 말하는 '비전'이 있는 사람에게 친근감과 호감을 자연스럽게 느낄 수밖에 없습니다.

이제라도 자신만의 꿈을 가지도록 노력해봅시다. 본인의 꿈을 실현하려고 열심히 노력할 때, 주변 사람들은 그 꿈에 공감하고 호의를 베풀며, 당신을 응원할 것입니다.

POINT

꿈을 내세우면 주위 사람들에게도 활력을 나누어 주고 친근감과 호감을 줄 수 있다.